SHODENSHA
SHINSHO

大日本帝国の経済戦略

武田知弘

祥伝社新書

まえがき

日本は、明治維新以来、アジア諸国の中で唯一といっていいような素早い近代化に成功し、日清、日露の戦争に勝利することができた。この日清、日露戦争の勝利の理由について、中高の教科書にはこういうふうに書かれている。

「明治新政府が富国強兵と殖産興業を推し進めたから」

この表現に、筆者はひじょうに疑問を感じていた。「富国強兵」にしろ「殖産興業」にしろ、当時のアジア諸国のどこもがそれをやりたがっていたのである（現在の世界中の国々も）。

しかし、なかなかそれを成功させることができない。

なぜかというと、「富国強兵」や「殖産興業」を行なうには、ひじょうに金がかかるのである。

その金が、当時のアジア諸国にはなかった。だから、当時のアジア諸国のどこもが、「富国強兵」「殖産興業」を成し遂《と》げられなかったのである。

日本が近代化に成功した最大の理由は、欧米の技術を大胆に導入したことである。多額の機械設備を購入し、外国人の専門家、技術者を多数招き、留学生を大量に送り出した。それが、日清、日露戦争の勝利にもつながったのである。もちろん、それにはひじょうに金がかかった。

大日本帝国は、それをどうやって捻出したのか？

大胆な「財政再建」「金融制度の整備」「経済構造の改革」を、行なったのである

新政府は、江戸時代の封建的な財政制度をいち早く脱し、近代的な財政制度を作り上げた。そして世界に通用する金融システムを素早く導入した。さらに、国内で完結していた経済を、ダイナミックな貿易ができる「貿易経済」に改革した。つまり簡単に言えば、経済政策の成功が日清日露戦争に勝利した最大の要因といえるのだ。

この「大日本帝国の経済政策」については、これまであまり語られてこなかった。大日本帝国というと、「政治面」や「思想面」ばかりが強調されるきらいがある。

しかし、大日本帝国の経済政策というのは、「後進国の経済改革」の見本のようなものなのである。それをご紹介しよう、というのが本書の趣旨である。

政治や思想だけでは語れない「大日本帝国の本質」がそこにあると、筆者は思っている。

2015年春

武《たけ》田《だ》知弘《ともひろ》

大日本帝国の経済戦略―目次

第1章　武士の巨大利権を解体する

第2章　大日本帝国の〝超〟高度経済成長

第3章　日清、日露の戦費はどうやって捻出したのか？

第5章　日本銀行…世界に負けない金融システムの構築

第1章

武士の巨大利権を解体する

●史上最大の〝農地解放〟

明治の経済というと、「殖産興業」などの言葉ばかりが注目され、産業の近代化によって、急速に発展したと思われがちである。産業の近代化により、強い国を作り上げることができたのだ、と。

確かにそれは事実である。

しかし、明治の経済が語られるとき、もっとも重要な一項目が抜け落ちていることが多い。それは農業の発展である。

あまり着目されることはないが、明治時代、農業生産は飛躍的に増加したのである。明治初年から明治末年の間に、米の生産量は2倍になっているのである。日本人の主食である米の収穫量が、江戸時代よりも倍になっているのである。この農業の発展があったからこそ、明治日本は他の産業を発展させる余力が生まれたのである。

そして、この農業の大躍進を促《うなが》したのは、明治新政府による「武士の巨大利権解体」と「農地解放」なのである。

明治維新というのは、実は史上まれに見る規模の「農地解放」だったといえる。おそらく、世界史的に見ても、これほど大規模な農地解放はなかったはずだ。

江戸時代、農地の所有者は、諸藩の藩主だった。つまり、武士が全国のほとんどの農地を所有していたのである。とてつもない巨大な利権であり、しかも江戸時代の270年間、守られてきた強固な既得権益だったのだ。

明治新政府は、この巨大利権を解体することによって、国民に農地を解放し、それが明治のダイナミックな経済発展につながったのである。

明治維新直後の「版籍奉還」により、諸藩が所有していた領地は、全部、朝廷に返還された。そして、返還された土地は、「地租改正」により農民に無償で分け与えられ、「近代的な土地所有権」を与えられたのである。

このとき、分け与えられた土地の所有権は、現在でも通用する土地の所有権である。明治維新時から、土地を所有している農家の方も多いと思われるが、それは、明治維新時に朝廷から無償で分け与えられたものなのである。

これは世界史的に見ても、ひじょうに稀有《けう》な「巨大利権の解体」であり、「農地解放」である。

農地解放というのは、通常は、しいたげられた農民側が蜂起することによって、行なわれるものである。

しかし明治維新では、支配層の武士の側が、自ら進んで領地を返還し、それを農民に分け与えたのである。しかも、日本の農地のほぼ全部を、である。これほど気前のいい、思い切った農地解放は、他にないといえる。

そして、この「農地解放」こそが、明治日本の農業生産を飛躍的に高めた最大の要因なのである。

もちろん、この「農地解放」は、すんなりうまくいったわけではない。さまざまな紆余曲折を経て、困難を克服しながら、やり遂《と》げられたものなのである。かの西南戦争も、この「農地解放」が遠因だった、と言えるのだ。

本章では、明治日本がこの大改革を、なぜ行なったのか？　どうやって行なったのか？　ということを、追究していきたい。

〈図版1〉明治新政府の「武士の利権解体」「農地解放」の手順

「版籍奉還」…諸藩が持っていた土地（農地）を、朝廷に返納させる

↓

「廃藩置県」…諸藩が持っていた領内の統治権を剥奪する

↓

「地租改正」…諸藩から返還された土地（農地）を、農民の所有物とし「近代的な土地の所有権」を確立する

●まったく金を持たなかった明治新政府

明治時代の経済を考えるとき、まず語らねばならないのが、明治新政府の財政状況である。

明治維新が起きたばかりのときの明治新政府は、金を全然持っていなかったのである。大日本帝国というのは、無一文からスタートしたといっていいのだ。

慶応3（1867）年10月、「大政奉還」が行なわれ、明治維新が起きた。

大政奉還というのは、それまで徳川幕府が担《にな》ってきた「政権」を朝廷に返すというものである。が、朝廷は、幕府から政権を返されても、それをすぐさま運営すること

はできなかった。

金がなかったからである。

大政奉還されても、日本の領地のほとんどは、幕府や諸藩が持ち続けており、朝廷の財政基盤は、3万石程度しかなかった。これでは、政治を動かすどころか、天皇や公家の生活費だけで精一杯だった。

というより、朝廷は長年の財政悪化が積み重なり、大政奉還が行なわれた慶応3(1867)年の暮れには、ほとんど持ち金がない状態だった。前年に逝去した孝明《こうめい》天皇の一周年祭さえ、資金不足で開催の見込みがたっていなかったのだ。

そのため朝廷は、大政奉還直後に密《ひそ》かに幕府に献金を要請したりもしていた。

幕府は、激しい尊王攘夷運動に押されて、大政奉還をしたわけなので、朝廷に対して快《こころよ》く思っていない部分もあった。また大政奉還した後の諸々《もろもろ》の条件交渉で、幕府と朝廷は対立していた。

だから、朝廷は幕府に献金の要請などしにくい状態だったし、幕府も朝廷の頼みは聞きたくない状況があった。が、朝廷としては背に腹は代えられず、幕府に要請したのである。幕府も、当初は難色を示したが、朝廷の実情を知り、5万両を献金しているのだ。

つまりは、維新直後の新政府（朝廷）というのはとにかく金がなかった。

そんな状況の中で、鳥羽伏見《とばふしみ》の戦いが勃発してしまった。

もちろん、新政府にはその戦費がない。そのため、官軍はしばしば立ち往生してしまうような状態だった。

江戸時代では、軍費というのは各藩が自弁することになっていた。だから、明治維新の戦いに参加した薩長などの諸藩は、最初は自前で軍費を賄《まかな》っていた。

しかし、それも鳥羽伏見の戦いまでの話だった。それ以上の遠征となると、各藩の財政では賄いきれない。

そのため、鳥羽伏見の戦いが終わってから、官軍は1カ月もの足踏みを余儀なくされたのである。

江戸の無血開城も、実は明治新政府の軍資金不足が背景にある。

東征を開始した官軍は、3月5日には駿府《すんぷ》に到着した。そして、3月15日をもって江戸に総攻撃をするという命令が下された。

官軍の諸藩の軍営では、どこも軍資金の調達に躍起になっていた。兵たちの食糧にも事欠く状態だったからだ。占領した駿府城をくまなく探しても1700両しかなかった。各軍営からは国元に、軍資金を送るように矢のような催促をしたが、いっこうに金は届かない。

そんなとき、「徳川慶喜《よしのぶ》は朝意《ちょうい》に従い、すでに謹慎している」という報が届く。また、かの天璋院篤姫《てんしょういんあつひめ》をはじめ各所から、徳川を許すようにという哀願もあった。そして、幕臣の山岡鉄舟《やまおかてつしゅう》が江戸開城を申し入れてきた。

官軍側はこれに乗ることにしたのである。

「西郷隆盛《さいごうたかもり》と勝海舟《かつかいしゅう》が江戸を戦火から救うために決断した」とされる「江戸開城」だが、実は、官軍側は攻撃したくても、そのための軍資金がなかったのだ。

●維新当時の新政府の財政事情

明治維新当時、新政府の財源はどうなっていたのか？

鳥羽伏見の戦いから続く戊辰戦争の過程で、幕府が恭順《きょうじゅん》の意《い》を示したので、新政府はとりあえず徳川家の領地を没収し、その年貢収入を財源に充《あ》てることにした。なので、旧幕府に近いくらいの収入は確保できたのである。

明治維新直後の新政府の領地は、次のとおりである。

まず鳥羽伏見の戦いにより徳川家の領地を没収し、駿河70万石に移封することで約７２６万石を得た。また戊辰戦争で官軍に敵対した仙台、会津などの奥羽諸藩を移封し、減石することで、約１０８万石を獲得した。

その他、皇室関係領土などを合わせて、約８６０万石の直轄領を持った。

しかし、近代国家の運営には、それだけでは財源はまったく足りない。

明治維新というのは、欧米列強に対抗するための強力な国家を作るためのものである。それには、莫大なお金が必要である。幕府の旧領だけではとても足りなかったのだ。

そもそも幕府というのは、それほど経済的に強大な力を持っていたわけではなかった。江戸時代までの日本は、封建制度であり、全国に置かれた大名が、その領地を各々《おのおの》に統治するものだった。

徳川家はその中の長だったが、領地としてはたかだか日本の25％程度に過ぎない。徳川家の年貢収入だけで近代国家を建設するのは、とうてい不可能だった。

しかも江戸時代の幕府や諸藩は、「武士」という不要な人材を抱えていた。「武士」というのは、戦国時代には軍人としての役割を持っていた。しかし、近代戦争には旧制度の武士の存在は不要である。新しい教育を受けた「兵士」が必要なのである。

にもかかわらず、武士は、財政の大きな部分を占めていた。幕府や諸藩の支出のほとんどは、家臣の秩禄《ちつろく》である。この支出が、江戸末期の幕府諸藩の財政を圧迫していた。

つまり、新政府は「年貢」「武士」という二つの旧制度を大改革しなければならない立場になったのだ。

しかし、「年貢」「武士」というのは、中世を通じて社会の基本となってきた制度である。当時の誰もが、「年貢」「武士」というのは社会制度の当然の前提として考えてきた。それがいい制度か悪い制度かなどを論じる前に、社会のごく当たり前の存在だったのである。

明治新政府は、これをぶち壊さなければならなかったのだ。

明治新政府の苦労はここにあった。

そして、日本が劇的に近代国家に生まれ変わったのは、この「年貢」「武士」という制度を、そう大した混乱も起こさずに、ぶち壊すことに成功したからだといってもいい。

●「武士」という制度をぶち壊す

明治新政府は、「武士」の扱いに困り、最終的に武士という身分制度をぶち壊すことになる。

しかし「武士」という制度をぶち壊すのは、容易なことではなかった。

それまでの日本社会というのは、社会面のみならず経済面でも、武士が実権を握っていた。鎌倉時代から江戸時代にかけての700年間というのは、経済活動の中で武士の占める割合がひじょうに大きかった。

武士が受け取っていた年貢収入というのは、だいたい米の生産高の30～40％だった。江戸時代までの日本経済というのは、米が中心である。その米の30～40％を、人口でたった5％程度の武士が独占していたのだ。

超特権階級といっていい。

そして武士は武力も持っていたので、他の階級は抵抗できない。

しかも、武士階級は700年もの間、この特権を維持し続けたのである。

普通に考えれば、この特権を剥奪《はくだつ》するのは並大抵のことではない。

では、明治新政府はこの「武士」という制度をどうやってぶち壊したのか？

簡単に言えば、「武力」と「世論」を背景にして、一挙に武士の世の中をひっくり返したのである。

その経緯を次項以下で説明していきたい。

●武士の特権を、どうやって剝奪《はくだつ》したのか？

武士の制度をぶち壊した具体的な手順を言うと、次のようになる。

「版籍奉還」←「廃藩置県」←「秩禄奉還」

「版籍奉還」というのは、諸藩が持っていた領土の統治権を国家（朝廷）に返還するということである。

「廃藩置県」というのは、統治権のみならず藩そのものを解体するということである。

そして、「秩禄奉還」というのは、武士がもらっていた秩禄（報酬）を廃止するということである。

つまり、まず、諸藩に統治権を返還させ、次に藩そのものを廃止し、最後に武士がもらっていた俸給を取り上げる、ということである。こうすることにより、武士という制度が事実上、なくなってしまったのである。

武士は、明治以降は「士族」という身分になり、身分自体の特殊性は保持された。しかし、秩禄がなくなったために、士族といっても、経済的な裏づけはまったくなかったのである。つまり、身分としての武士は名称を変えて残されたが、職業としての武士は完全に消えてしまったのである。

もちろん、この「版籍奉還」「廃藩置県」「秩禄奉還」は、当時の世の中をひっくり返すほどの大きな社会変革だった。また何より、経済面において巨大な改革となった。

日本史上最大の経済財政改革だったといってもいい。

そう簡単にできたものではない。

というより、明治初期に旧士族が起こした反乱や内戦は、「版籍奉還」「廃藩置県」

「秩禄奉還」に反発してのものなのである。西南戦争が生じた最大の要因もそこにあるといえるのだ。

●革命としての「版籍奉還」

では、「版籍奉還」「廃藩置県」とは、具体的にどのようなものなのか？　ということを説明していきたい。

明治維新というのは、江戸幕府が持っていた大政を朝廷に奉還したことから始まった。

が、大政奉還されたからといって、朝廷がすぐに政治を担《にな》えるわけではなかった。政治を行なうには、お金が必要である。前述したように朝廷は財源をほとんど持っていなかった。

だから、新政府は諸藩から何らかの形で税収を吸い上げなければならなかったのである。

かといって明治新政府の要人たちも、すぐさま各藩の領地を全部返還させる、とまでは考えていなかったようである。日本の国土を諸藩が統治するという制度は、300年近くも続いてきたものであり、それを簡単に廃止できるとは思っていなかったのだ。

版籍奉還の基となる建言を出した薩摩藩の寺島宗則《てらじまむねのり》も、「各藩は領地の何分の一かを差し出し、京都や要地の防備費に充てるべし」というにとどまっている。

しかし、戊辰戦争が早々に終結すると、自信をつけた明治新政府は、すべての藩がすべての領地を返還する「版籍奉還」を進めることにした。

日本の領地を全部、朝廷に返還させ、それを財源としようということである。

これは薩摩藩の大久保利通《おおくぼとしみち》や長州藩の木戸孝允《きどたかよし》らが中心になって進められた。大久保利通、木戸孝允というのは維新の元勲であり、彼らが主導して行なったことで、版籍奉還はスムーズに進んだといえる。

彼らは、明治2（1869）年1月、戊辰戦争を共に戦った土佐藩や肥前藩にも働きかけ、薩長土肥の4藩主連名で、「版籍奉還」の上表を朝廷に提出させた。まずは、この4藩が率先して領地を返還したのである。

そして諸藩にも版籍奉還することを勧告した。

官軍の中心であった４藩が、版籍奉還をしたのだから、他の藩も反発するのは難しい。

薩長土肥の４藩は、封建の価値観で言えば、戊辰戦争の報償として新たな領地を獲得してもおかしくなかった。徳川家や旧幕府側について藩を取り潰《つぶ》し、自藩の領地を大幅に拡大する、それは江戸時代までの価値観ならば当たり前のことだった。

しかし彼らはそれをせずに、逆に自らの領地を朝廷に差し出したのである。「明治維新は薩長土肥のために行なったのではない、日本のために行なったのだ」ということである。

これには諸藩も逆《さか》らえず、追随するしかなかった。諸藩も、特に混乱もなく版籍奉還に応じたのである。

版籍奉還では、藩は領地を奉還した後も、藩主がそのまま領主の地位である知藩事とされた。これは藩主まで替えてしまうと、諸藩からの強い反発があると考えられたからだ。

しかも当初は、この知藩事は世襲であることとなっていた。だから、版籍は奉還したものの、実質的な藩制度は残ることになっていたのだ。

しかし、伊藤博文《いとうひろぶみ》らの強力な反対により、知藩事の世襲制は取り除かれた。つまり、知藩事は一代限りとされ、先祖代々の藩の統治権は返納することになったのだ。

その結果、「版籍奉還」というのは、藩主という存在を実質的に廃止することになったのである。

●「廃藩置県」の最大の理由は、財政問題だった

こうして明治2(1869)年6月、版籍奉還が行なわれた。

「版籍奉還」というのは、各藩の領地を朝廷に返還する、という作業である。が、版籍奉還だけでは、問題の本質的な解決にはならなかった。

というのも、版籍奉還を行なっても、それで藩や藩主の存在がすべて消滅したわけではなかったからだ。前述したように版籍奉還の後、旧藩主たちは、そのまま藩の最高官である「知藩事」に任命された。

つまり藩主が藩の長であることには、変わりはなかったのである。いきなり廃藩置県を行なうと大きな反発が予想されたので、まずは版籍奉還を行なったのだ。

版籍奉還をしても、藩内の徴税権や行政権は、藩主が持っていた。

そもそも、版籍奉還というのは、新政府の財源確保という目的が大きかった。前述したように新政府は、徳川幕府や東北諸藩の領地を削った分が財源になっていたが、それではまったく足りなかった。そこで版籍奉還をし、諸藩から租税収入の１割程度を上納させようとしたのである。

具体的に言えば、藩の収入のうち10％は知藩事の収入とし、９％は海軍費として政府に納入する、そして９％は陸軍費として自藩で陸軍の創設、運営を行なうことにし、その残りを藩士たちの俸禄に充てることになっていたのだ。

廃藩置県以前の明治の軍隊というのは、国が管轄するのは海軍だけであり、陸軍は各藩が個別に編成することになっていた。だから、海軍費用ということで、藩から上納金を拠出させたのである。

とどのつまりは、藩が政府に支払うのは、9%の海軍費だけなのである。

しかし諸藩は財政的に苦しかったので、この9%にさえ難色を示し、新政府に減額を要求した。

結果、海軍費は4・5%に減額された。

しかも諸藩は、新政府の方針をなかなか聞かなかった。

新政府としては、中央集権的な国家を作ろうと考えていたのだが、諸藩は江戸時代までの封建制の気分のままだったので、新政府と対立することもしばしばあったのだ。

そのため新政府としては、次の施策として「廃藩置県」を打ち出すのだ。

●西郷の決断で「廃藩置県」が決まる

廃藩置県というのは、「藩」を廃止して、まったく新しい「県」という行政単位を設置するということである。そして、「県」は中央政府の管理下に置かれるため、藩のような独立性はほとんどなくなるのだ。

もちろん、廃藩置県は簡単に行なわれたわけではない。

明治維新前までの日本というのは、中央政府による統治ではなく、各地を藩主が治めるという分割統治が行なわれていた。各藩は一個の国家と同じように、独立性を持ち、幕府といえども簡単に藩の内政に口を出すことはできなかった。

そのような独立国に近い「藩」というものを、一挙に廃止できるものではない。世界の近代国家が、封建制度から脱して中央集権国家が作られるときというのは、だいたい戦争がつきものである。戦争によって、国家が統一されるのである。

日本の場合には戊辰戦争があったが、これは単に幕府を倒すための戦争であり、国家を統一するために全土を武力で従えたという戦争ではない。しかし廃藩置県というのは、その国家統一を戦争なしで行なおうというものなのである。

版籍奉還以降、次に必要なのが「廃藩置県」だということは、新政府内の誰もがわかっていた。

しかし、あまりにも困難が予想されたので、なかなか具体化しなかったのだ。薩摩の大久保、西郷、長州の木戸らも、廃藩置県に向けてたびたび会合を持ったが、なかなか進展しなかった。

それに業《ごう》を煮《に》やした感じで、長州藩の若手官僚の二人、野村靖《のむらやすし》、鳥尾小弥太《とりおこやた》が行動を起こした。

野村は松下村塾出身で当時は宮内官僚をしていた。

鳥尾は奇兵隊出身で当時は陸軍官僚だった。

二人は、「今の日本を変えるには廃藩置県しかない」と確信し、明治4（1871）年6月、鳥尾の上司である山縣有朋《やまがたありとも》邸を訪問した。山縣有朋も二人の意見に対して異論はなかったので、「まず井上《いのうえ》（馨《かおる》）に話をして、井上から木戸に話をしてもらったらどうか」と答えた。

それを受けて野村と鳥尾はさっそく井上馨に相談した。

井上は、「それは妙（案）だ。此方（長州）はどうでもなるが薩摩はどうか。まず西郷と相談してみるがよろしい」と答えた。

野村と鳥尾は再び山縣有朋のもとに行き、西郷への説得を頼んだ。山縣はさっそく西郷のところへ行き、廃藩置県の必要性を訴えた。

西郷は、山縣の話を聞くと
「実にそうじゃ。それはよろしかろうが、木戸の意見はどうか」

と答えた。

「それは貴下の御意見を聞いた上で、木戸に相談することになっているから、まずご意見を承《うけたまわ》りに来た」

と山縣が言った。

「それはよろしい」

西郷はあっけなく答えた。

山縣が念を押すように、「今日の問題は実に重大な事件であるから、どうしてもこれは血が出まするが、その覚悟をせねばなるまい」と言うと、西郷は再度簡単に「われらの方は（それで）よろしい」と答えた。

西郷の方も、廃藩置県は不可避であることはすでにわかっており、この当時は、薩長が出方をうかがっていたのだろう。野村と鳥尾の行動が、一気に壁を崩すことになったようだ。その後はとんとん拍子に話が進んだ。

西郷や木戸らが、政府に働きかけ、翌月の明治4（1871）年7月14日には、廃藩置県が施行されたのである。

西郷は、政府内で議論がぐらついたときには「もし各藩において異論等が起こり候はば、兵を以《もっ》て撃ち潰しまうの外ありません」と大声で呼ばわり、反論を封じたという。

西郷隆盛は、最後は旧士族とともに政府軍を相手に戦争を起こしており、薩摩藩や武士の立場を擁護し、明治新政府の改革に反対していたというように思われがちである。

しかし、西郷はけっしてそういう人物ではなく、薩摩藩や武士に打撃があることでも、必要な改革であれば、断固として行なってきたのである。むしろ、西郷がいたからこそ、明治のもっとも難しい改革である「廃藩置県」は成し遂《と》げられたといえるのだ。

●薩長土1万の兵力を背景に、「廃藩置県」が施行された

廃藩置県が行なわれる5カ月前の明治4（1871）年2月、薩長土3藩は総勢約1万の兵を京都に送っていた。

この兵たちは、薩長土の各藩から離脱し、天皇の親兵《しんぺい》として東京に置かれることになっていた。

薩長土では戊辰戦争のために兵を膨張させており、その給与の支払いに苦心していた。また兵たちは、反政府の危険因子ともなりつつあった。

そのため、薩摩から歩兵4大隊、砲兵4隊、長州から歩兵3大隊、土佐から歩兵2大隊、騎兵2小隊、砲兵2隊を政府に拠出させ親兵としたのである。

山県有朋は、西郷に「この兵は藩兵ではなく親兵であり、薩摩出身者といえども、一朝事《いっちょうこと》あるときは薩摩守に向かって弓を引く決心が必要です」ということを確認し、承諾されている。

明治4（1871）年7月、この兵力を背景にして廃藩置県の詔勅が発せられたのだ。

この瞬間に、270年続いていた各藩による封建制度は、一挙に解消され、中央集権国家が誕生したのである。

もちろん、薩摩藩や長州藩も消滅した。

この廃藩置県によって、旧来の藩が持っていた特権はほとんど剥奪され、日本の封建時代が終幕したのである。

廃藩置県の何が改革だったのかというと、次の2点である。

・行政権を藩から国に移したということ

・徴税権を藩から国に移したということ

つまり、それまで藩が持っていた領地内の行政権、徴税権を取り上げたということである。

江戸時代の「藩」というのは、現在の県のような単なる行政区分というものではない。各藩は、経済的にも政治的にも独立しており、ほとんど「国」と同じ形態である。そして各藩の行政権と徴税権は、藩主が持っていた。

幕府は、藩を指導したり、藩から財を徴収したりすることはあったが、藩の運営そのものについては手出しできなかった。

その藩を全部なくしてしまう、というのだから、大変な改革だったのだ。３００に分かれていた国々を一挙に統一した、というようなものである。

大久保利通や西郷隆盛、木戸孝允らの偉大なところは、戊辰戦争に勝利して新政府を作ったにもかかわらず、薩摩藩や長州藩も、ほかの諸藩と同じように廃藩置県で消滅させてしまった点である。

もし、彼らが薩摩藩や長州藩だけを残せば、あれほどスムーズに廃藩置県は行なわれなかっただろう。

また「版籍奉還」「廃藩置県」の成功には、幕末の諸藩が財政的に行き詰まっていたという点も大きかった。「版籍奉還」「廃藩置県」により藩主たちは財政的な圧迫から解放されたということであり、ある意味、彼らは「助かった」ということでもある。

新政府は、藩の借金である藩債や藩札なども、継承した。

廃藩置県時の藩債（２７７藩分）の総計は、７８１３万円だった。その内訳は、内国債7413万円、外国債400万円である。新政府は、このうち内国債の3487万円（47％）と外国債全額の合計3887万円を引き受けた。

つまり、「版籍奉還」「廃藩置県」により諸藩は、借金から解放されることにもなった。また大名家は華族として莫大な俸禄をもらったので、かえって経済的に豊かになった者も多かったのである。

●武士をリストラする

明治新政府は「版籍奉還」「廃藩置県」という大改革を成し遂げ、諸藩による封建的統治制度を終わらせ、本格的な中央集権体制を作り上げた。

しかし、これだけでは、財政的な問題は解決されていない。

新政府にとって大きな財政負担となっている「武士の秩禄」をなんとかしなければ、近代国家への道は開かれなかったのである。

江戸時代、武士は将軍や大名から俸禄をもらうことで、生活を成り立たせていた。

明治維新以降も、その形式は受け継がれていた。

「版籍奉還」「廃藩置県」により、幕府や大名が持っていた領地（藩）を、国家に返納させたが、幕府や大名が持っていた領地（藩）には武士が付随しており、この武士への俸禄はそのままになっていた。

将軍や大名が幕臣や藩士に払っていた俸禄を、明治政府がまとめて秩禄という形で払い続けたのである。

つまり、藩は廃止しても、武士への財政支出は残っていたのだ。

明治新政府の経済改革の中で、この秩禄を廃止することが、もっとも困難なものだったと考えられる。

武士がもらっていた俸禄は、江戸時代の２７０年にわたって綿々と続いてきた「既得権益」である。

武士にとって、俸禄をもらうことは当たり前のことであり、俸禄をもらうために先祖代々、将軍や藩主に忠誠を尽くしてきたのである。その権利を簡単に手放せるものではない。そもそも武士というのは、他に収入を得る方策を持っていなかったのだから、俸禄がなければたちまち食っていけなくなる。

しかし明治新政府にとって、武士に払う「秩禄」は大きな負担となっていた。国家支出の3割にも上っていたのだ。

明治新政府は、きちんと教育を受けた新しい軍隊、新しい官僚組織を作ろうとしており、もう世襲の武士たちに用はない。

何の用もなさない武士たちに対して、国家支出の3割も割《さ》かなくてはならないのだ。一刻も早く、近代国家としてのインフラを整えたい明治政府にとって、秩禄というものは大きな障害となった。

そのため、タイミングを見計らって秩禄の廃止を行なうことにしたのだ。

武士の秩禄は、明治維新の時点ですでに大幅に削減されていた。

上級武士ならば7割程度、中下級武士も3割から5割程度、削減されたのだ。つまり、明治初年の時点で、武士の報酬は江戸時代から比べれば、半減かそれ以上の削減をされたのである。

明治3(1870)年には、武士から農民や商人になる者には、士族から除籍し一時賜金として禄高の5年分を出すという制度を作った。また秩禄を奉還する者(放棄する者）には、禄高の3年分を一括支払いし、樺太《からふと》、北海道移住者には7年分を一括支払うという制度を作っている。

明治6（1873）年には、この士族除籍制度をさらに拡充し、100石未満の元下級武士に対し、秩禄奉還した場合は、永世禄の者は禄額の6年分、終身禄の者は禄額の4年分を一時支給することにした。翌年には、100石以上の者にも、同様の制度が設けられた。

これはまるで早期退職奨励金のようなものである。

「6年分の報酬を一度に支払うから武士をやめなさい」

ということである。

ただし、新政府には金がないため、支給は半額を現金、半額を公債証書とした。公債は7%の利子がつき、3年間据え置いた後、7年間で償還されるものだった。

このような制度を作るということは、秩禄がそのうち廃止されるかもしれない、という雰囲気が社会にあったということである。そうでなければ応募する者などいないはずだからだ。

さらに新政府は、明治6（1873）年に家禄税を創設している。

これは、家禄に対して課せられる税金で、家禄高に応じて累進性になっていたが、平均して11・8％の税率だった。家禄は政府が支給しているものなので、家禄に税金をかけるということは家禄を11・8％削ったのと同じことだった。

こういう処置を段階的に行なっていくことで、家禄が廃止の方向に向かっていくということを士族は肌で感じることになったのだ。

●ついに武士の秩禄を全廃する

そして明治9（1876）年、明治新政府はついに大きな決断をする。

秩禄を廃止したのである。

一時金的に金禄公債を武士に配布し、それで武士への秩禄は全廃されたのだ。金禄公債というのは、秩禄を廃止する代わりに、少しまとまった金（俸禄の5～14年分）を武士にやったわけである。本来は、現金で支給すべきだったが、新政府は財政が苦しかったので、公債という形で支給したのだ。

金禄公債は、公債なので、利子が支払われる。

利子率は220石以上の上級武士が5%、22石から220石の中級武士が6%、22石以下の下級武士が7%だった。当面はその利子で食っていきなさい、ということである。

新政府にとっては、この利子はかなり大きな負担だったが、秩禄を廃止するためには、仕方がなかった。

この金禄公債をもらった武士には、毎年、利子が入ってくる。しかしその利子は、以前の俸禄と比べれば、もちろんひじょうに低い。

22石以下の下級武士が毎年受け取る利子は、年間平均で29円5銭だった。武士のほとんどは22石以下である。だから、武士の大多数は、平均29円5銭の年収しかなかったわけである。

彼らが手にする金は1日あたりにするとわずか8銭であり、大工の手間賃45銭には遠く及ばなかった。もちろん武士のほとんどは利子だけでは生活できず、他の収入の途《みち》を求めなければならなかった。

金禄公債を売って慣れない商売を始め、元も子もなくしてしまう、という武士も大勢いた。

いわゆる「武家の商法」である。

彼らは、汁粉屋、団子屋、炭薪屋、古道具屋などを始めたが、ほとんどがうまくいかず、1年持つものはまれだったという。

また士族の多くは、新しい政府での官職を求めようとした。

武士というのは、江戸時代は役人でもあったのだから、明治になっても役人になろう、というのは当然のことだといえる。

しかし新政府は、「能力のある者しか採用しない」という建前をとっていた。近代化、富国強兵化を目指していた新政府は、何の能力もない武士を役人として雇い入れる余裕はなかった。何らかの能力がなければとうてい、官職には就《つ》けなかった。

明治14（１８８１）年の帝国年鑑によると、旧武士のうち、明治政府で官職にありつけた者は全体の16％に過ぎないという。

西南戦争をはじめとする旧士族の乱も、この秩禄廃止が大きな要因の一つである。

明治新政府は、薩長などの官軍に所属していた武士たちも、新政府軍へ組み込まれた一部の例外を除き、原則通り秩禄を廃止した。士族たち、特に薩長など官軍に属していた者たちの反発は大きかった。なんのために命を賭けて幕府を倒したのか、ということである。

大久保や西郷、木戸なども心安かったはずはない。

自分の故郷の人々の多くが、自分を恨《うら》み、新政府に叛意《はんい》を抱いたのである。

ご存じのように西郷は、地元の不平武士のために殉《じゅん》じることになったし、大久保は明治維新から一世紀もの間、鹿児島では嫌われ者であり、彼の銅像が鹿児島の地に建てられたのは、なんと没後１００年の昭和54（１９７９）年になってのことなのである。

明治新政府は、大きな代償を払うことになったが、これで近代的な財政システムを作ることができたのである。

またこの秩禄奉還に関しては、武士以外の人々は歓迎していた。武士以外の人々にとって、武士であるというだけでもらえる秩禄というのは、不愉快なものなので、当然といえば当然である。

当時の新聞の投書などには、華族や士族のことを「平民の厄介」「無為徒食《むいとしょく》」などと批判するものも多く見られた。また「東京日日新聞」では、「士族に対する家禄は、給金でも褒美でもなく、御情の仕送り、貧院の寄付」とまで書かれている。

国民の大多数は、近代国家を作るためには莫大な費用がかかることを知っており、何もしていないのに禄をもらえる華士族たちというのは、批判の対象でしかなかったのだ。

旧武士たちもその点は、わきまえていたようで、薩長土肥以外のほとんどの士族たちは半ば仕方ないと感じていたようである。

だからこそ、武士の反乱は西南戦争程度で済んだのである。西南戦争は、当時の日本にとっては大戦争だったが、それでも半年で勝負がついた。近代のアジア諸国の内乱に比べれば、はるかに短期間で終息したものといえる。

これは、当時の武士階級が、時代の流れを受け入れるようになっていたからではないか、と思われる。

武士の幕末維新期の手紙から、当時の武家の家計を掘り起こした『武士の家計簿』（磯田道史著・新潮新書）という本がある。

この『武士の家計簿』では老齢の旧金沢藩士が、明治５（１８７２）年に鉄道が開通したという知らせを聞き、「新政府は多額の金を使わなくてはならないのだから、我々のように働きもせずに安穏としている者に家禄を出していれば算段が立たなくなるはず」として、世の中の流れを受け止めようとしている様子が描かれている。

多くの武士たちは、自分たちの禄がなくなることに不安や不満を抱きつつも、文明開化していく世の中を見ていると、「これも仕方ないか」と感じるようになっていったと思われる。そういう彼らの現実対応能力が、明治日本の発展の一要因ともなっていたのだ。

●年貢制度から近代的税制へ

「版籍奉還」「廃藩置県」により日本全体の統治権を手にした明治新政府は、しかし、それだけでは財政は安定しなかった。

江戸時代までの租税の柱は、「年貢収入」だった。

年貢という制度は、ひじょうに不安定な上に、不公平な部分も大きかった。諸藩によって年貢率はまちまちであり、また地域によって不正役人がいたりして、農民は苦しんでいたのである。

そのため明治新政府には、安定的で公平な税制が求められたのである。

そこで採《と》った方法が、「地租改正」である。

地租改正というのは、全国の土地を丹念に調べて土地の価値を決め、それを基準にして納めるべき税金を決める、という制度である。

地租改正は、戦後の日本ではあまり評価されてこなかった。

「地租改正とは、米で納めていた年貢を、お金で納めるようにしただけであり、農民の実質的な負担は変わらなかった」

「米を金に換えなくてはならない分だけ農民にとっては負担になった」

中学校の教科書などでも、このようなことが書かれている。

しかしこれは大きな解釈誤りである。

「地租改正によって農民の負担が増えた」という見方は、事実ではない。一部には負担が増えた農民もいたが、ほとんどの農民の負担は減っているのである。

大局的に見て地租改正は、「経済成長」や「国民生活の向上」に大きく貢献しているのである。

もし、地租改正で農民の負担が増えたのならば、生産意欲が減り、農業生産は減るはずである。しかし明治以降の日本の農業生産は、急拡大している。農業生産の増大は、農業技術の向上ということもあるが、最大の要因は、地租改正が農民のやる気を引き出したからなのである。

確かに地租改正では、これまで物納だった年貢をやめ、金銭による納税に変更された。しかし、これは農民の負担を増やしたわけではなく、逆に農民のインセンティブは大きくなったのだ。

地租改正で定められた新たな税率は、土地代の3％だった。この土地代の3％というのは、収穫米の平均代価の34％程度に設定されていた。これは江戸時代の年貢と同等か、若干低い程度の負担率だった。

江戸時代の年貢では、収穫高に応じて年貢率が定められたので、収穫が上がっても、その分だけ年貢が増えた。つまり「頑張って生産を増やしても、年貢で取られるだけ」という状態にあったのだ。

しかし地租改正は、収穫高に応じて税額が決められるのではなく、あらかじめ決まった額の税金を納めるだけで済んだ。だから、農民としては頑張って収穫を増やせば、増やした分は自分の取り分になるということだった。そのため勤労意欲が湧《わ》くことになり、生産量が増加したのだ。

また地租改正は、税の公平性、透明性を高めるものでもあった。

江戸時代では、各藩の年貢率は、幕府領（天領）の年貢率より高かった。幕府は広大で肥沃な領地を持っているし、幕府としての威厳もあるので、領民の負担は、諸藩よりも軽くされていたのである。

しかし、地租改正によって、全国の税率は一律となった。日本のほとんどの農民にとっては、負担減となったが、幕府領（天領）の農民には負担増となった。そのため、明治維新直後に起こった農民一揆のほとんどは、旧幕府領だったのである。

さらに、地租改正は税徴収の透明性を高めるものでもあった。

江戸時代の年貢の場合、毎年の取れ高に応じて年貢率が決められるものであり、その年貢率を決めるのは地域の役人だった。その役人は大きな権限を持っているわけであり、当然、贈収賄などの不正行為が普通に行なわれていた。

しかし、地租改正により、それまでの役人と農民の曖昧《あいまい》で不透明な関係を清算し、公平で透明性の高い税制になったということである。

地租改正は、実は当時としてはひじょうに優れた税制改正だったのである。

フランスの大蔵大臣で、経済学者でもあったレオン・セイは、松方正義《まつかたまさよし》から「地租改正」の話を聞き、「租税改革として最善の策だ」として称《たた》えた。そしてフランスでも参考にしたいので、詳しい経緯を文書にして送ってほしいと要請したという。

●「地租改正」で農民の生産意欲が増す

地租改正は、国の税制を根本から変える作業であり、当然のことながらすんなりいったわけではなかった。

しかし、新政府は、この大変な作業を驚異的なスピードで成し遂げた。

明治新政府にとって、租税制度の確立は急務だった。

明治初期の歳入は、紙幣収入が50％（50・2％）以上を占めていた。紙幣収入とは、太政官札の発行のことである。第5章で詳しく述べるが、太政官札というのは、金兌換《だかん》の裏づけのないお札であり、新政府はこれを刷《す》って財源に充てていたのだ。コストはかからないが、なかなか流通しないし、流通しても急激なインフレになる、という大欠点があった。

だから、租税による財源の確立が求められていたのだ。

地租税収入はわずか22・5％で、そのほかの税における収入は微々《びび》たるものだった。他に公債、借入金が9・4％だった（『日本経済史　近世―現代』杉山伸也著・岩波書店のデータより）。

つまり、明治初期の政府の収入は、紙幣収入と公債、借入金が約3分の2を占め、租税収入は2割ちょっとしかなかったのだ。

これでは、まずいということで、前述のように「版籍奉還」「廃藩置県」が行なわれたのである。「版籍奉還」「廃藩置県」によって諸藩に分散していた税収入を、国が一括管理できるようになり、歳入額はそれなりに増えた。

しかし、それも年貢収入である。

年貢はひじょうに不安定で不公平な租税だったが、明治新政府は、とりあえずは年貢制度を継承していた。あまりに急激な社会変革を行なうと、国民が動揺すると思われたからだ。

年貢は農民だけにしか課されていないし、地方によって税率もまちまちだった。新政府としては、公平で安定した近代的な税制を確立する必要があったのだ。

地租改正の基となるアイディアは、明治３（１８７０）年に衆議院判官の神田孝平《かんだたかひら》から出された「田租改革建議」だとされている。神田孝平は旧幕臣で、蘭学者でもあった。維新後、欧米の知識を買われ、新政府に招聘《しょうへい》されていたのだ。

神田孝平はこの「田租改革建議」の中で、「現在の物納による徴税は、非合理で効率が悪く、農民には負担が多いし、国家にも得るところが少ない」と述べている。そして「田畑の売買を自由にし、その売買価格をもとにした地価に課税し、税金納する方法」を提案した。

新政府は、この提案を受け入れたのだ。そして明治4（1871）年から東京で、翌年からは全国で、地券制度の普及を開始した。

明治5（1872）年には、地券渡方規則が公布された。この規則により、農民は自分の農地を国に申請し、国は地券を交付する。そうすることによって、土地の所有権が確立したのである。

●現在も使われている土地台帳

地租改正というのは、簡単にいえば土地の値段の3％をお金で納める制度である。江戸時代は農地の収穫から一定の割合で収穫物を納める「年貢制度」だったのを、土地の価格に応じた金納にしたわけである。

しかし、この地租改正は一朝一夕《いっちょういっせき》にできるものではない。日本の土地の全部を調査しなければならないからだ。そのため明治6（1873）年から明治14（1881）年まで、地租の基準額を決めるため土地の調査が行なわれた。

この土地調査こそが、近代国家を作る上でひじょうに大きかった。国土を正確に把握していなければ課税もできないし、土地開発や土地の取引もできない。近代国家において、国土の正確な把握というのは、不可欠なものだといえる。

しかし、土地調査というのは実はそう簡単なものではない。全国の土地を測るという実務的な困難さもあるが、農民の反発という障害もあるのだ。農民というのは、お上に内緒で農地を開墾していることが多い。いわゆる隠し田である。土地調査をすれば、その隠し田が見つかってしまう。また、農地を正確に把握されることは、課税が厳しくなるということにもなる。だから、土地の調査というのは、昔からひじょうに難しいものだったのだ。

土地の調査は封建時代には検地と呼ばれ豊臣秀吉《とよとみひでよし》の時代に全国的なものが行なわれたが、それ以降は、全国的な検地は行なわれていなかったのだ。

明治新政府は、この大変な土地調査というものを果敢に行なった。

この土地調査の事務は、農地、宅地については明治９（１８７６）年に、山林原野については明治14（1881）年に、ほぼ終了した。

農地、宅地の所有者は、603万5637人、筆数は8544万16筆《ひっ》だった。日本全国の土地の一画、一画を実測するという膨大な作業だった。この土地所有確定事務が、現在の固定資産台帳の基になっているのだ。

この土地調査のおかげで、課税義務者も決定したのである。

江戸時代には、土地の所有者や課税義務者が曖昧で、同じ土地に二重の所有者がいたり、小作人が年貢を納めたりもしていた。明治新政府は、それを調整し、一つの土地に一人の所有者を確定させたのである。

この調査により、改正前の記録では日本全国の収穫量は3222万石だったものが、実は4684万石もあったことがわかった。実際の石高は、名目の1・5倍もあったわけだ。

江戸時代を通じて新田開発や技術開発で、収穫量が増加していたが、農民の反発もあって、なかなか表面化しなかった。そのため、明治新政府による調査で、これだけの増収が判明したわけである。

このときに作られた土地台帳は、現在の土地の登記簿の原型となっている。発展途上国には、未だに正確な土地台帳を作れていない国が多い。そのため農地改革がなかなか行なわれなかったり、地域の役人が不正を働いたりするのだ。日本は、明治早々に土地調査をやり遂げたために、農業の急激な発展、ひいては国家の近代化に成功したともいえる。

●地租改正という「農地解放」

地租改正というのは、実は農地解放という側面もあった。

というより地租改正は、世界史的にも例を見ないほどの大規模な農地解放だったといえるのである。

地租改正という事業は、実は農民にとって大変、得なものだったのである。

そもそも、江戸時代までは土地の所有者は、藩主、藩士だった。

藩主が持っている土地を藩士に分け与え、農民というのは、その領地を耕作するだけの存在だったのである。だから、本来は、明治になっても、土地の所有権は、武士にあっておかしくないのだ。

「版籍奉還」で、各藩はその領地を新政府（朝廷）に返した。新政府は、その土地の管理権を各藩に与えるということもできたはずである。つまり国土としては政府が管理するが、近代的な意味での土地所有権は武士に与える、ということである。江戸時代からの流れを見れば、むしろそうするほうが自然だといえた。

しかし、明治新政府はそうはしなかった。

幕府や藩から取り上げた領地は、国土として編入し、近代的な意味での所有権は農民に与えたのである。

これは、欧米の歴史観でいえば、「農地解放」そのものである。

それも「日本全国」の土地を、その土地を耕作していた農民たちに分け与えたのだ。これほど大規模な農地解放は未だかつてなかったといえる。

農地解放というと、戦後の農地解放のことをイメージする人が多いだろう。しかし、戦後の農地解放というのは、実はそれほど大規模なものではない。当時の小作地は全農地の46％に過ぎず、小作農（耕作地の半分以上が小作地）も農民の半分以下だっ

〈図版2〉農地解放としての地租改正

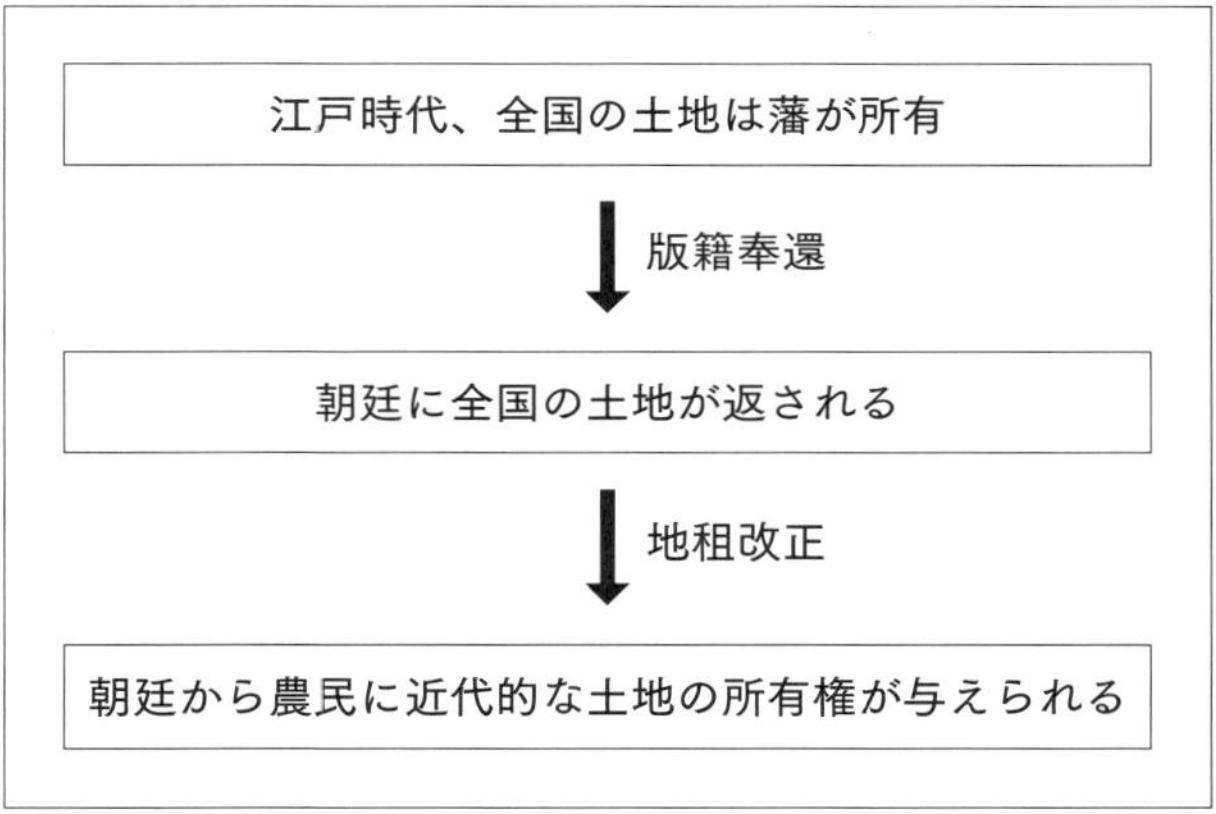
江戸時代、全国の土地は藩が所有
版籍奉還
朝廷に全国の土地が返される
地租改正
朝廷から農民に近代的な土地の所有権が与えられる

たのである。その46％の小作地を小作人に分け与えただけのものであり、日本の全農地を分け与えた地租改正と比べるとはるかに規模が小さいのだ。

戦後教育の中では、ことさら戦後の農地改革が素晴らしいことのように教えられてきたが、それはＧＨＱの手前味《み》噌《そ》的な話であり、実は明治新政府の方が、もっとダイナミックで民主的な改革をしていたのである。

農民としては、これまで持っていなかった所有権を、無料でもらえたのだから「丸儲《もう》け」である。

「明治維新というのは、武士の犠牲の上に

なされた革命」だということができる。

●農業生産が激増する

明治5（1872）年7月、明治新政府は「壬申地券《じんしん》」と呼ばれる土地の権利証を発行し、近代的な所有権を確立させた。

これで、農民は耕作地の所有権を手にし、その耕作地の売買も自由になったのだ。農地の売買は、江戸時代も実質的には行なわれていたが、表面上は禁止されていたため、大っぴらにはできなかった。また表面上禁止されているために、適正な市場が成り立ちにくく、農地を二束三文で手放すケースも多かった。

また地租改正では、農民が自分で農作物を決められるようになった。

これまでは、幕府や藩が決めた農作物（米など）を作ることが原則として義務づけられ、自分勝手に農作物を選択することはできなかった。

しかし、地租改正以降はその縛《しば》りがなくなったので、農民は儲かりそうな作物、実入りがよさそうな作物を自分で選ぶことができるようになったのだ。

〈図版3〉米の収穫量の推移

	収穫量(石)	10アールあたり収穫量
明治６(1873)年	24021	
明治10(1877)年	26599	
明治15(1882)年	30401	1173
明治20(1887)年	40025	1515
明治25(1892)年	41430	1501
明治30(1897)年	33039	1185
明治35(1902)年	39932	1297
明治40(1907)年	49052	1688
明治45(1912)年	50222	1672
大正６(1917)年	54568	1770

(「明治百年の農業史・年表」川崎甫著・近代農業社より著者がデータを抽出して作成)

地租改正が農民にとってけっして悪くなかった証左《しようさ》として、明治以降、日本農業が急激に発達したことが挙げられる。

表のように、明治初期から中期にかけて、日本農業は大躍進していることがわかる。明治６（１８７３）年と明治45（１９１２）年を比べると米の収穫量で２倍以上の増収となっている。

このように、明治以降の日本では農業も大発展しているのである。農業が発展したからこそ、富国強兵が成し遂げられたのだ。

第2章

大日本帝国の〝超〟高度経済成長

●明治日本は〝超〟高度経済成長だった！

日本は近代化の費用や日清日露の戦費をどうやって賄《まかな》ったのか、その答えの一つとして、明治日本の急激な経済成長が挙げられる。

この点において、我々は忘れがちである。

小中学校の教科書には、明治日本は富国強兵を掲《かか》げて、戦争に強い国を作ったというような記述がされている。

しかし、よく考えてほしい。

富国強兵を掲げるだけで、戦争に強い国が作れるわけはないのである。

富国強兵を実現するためには、相当な努力が必要だったのだ。そして、国民経済の発展も不可欠だったのである。

国民の経済が発展し、豊かにならなければ、戦争に強い国が作れるわけはないし、日清日露の戦費を賄うこともできなかったのである。

世界中のほとんどの国が、今でも「富国強兵」を国の政策の柱として掲げている。

しかし多くの国は、それがなかなか成し遂《と》げられないのである。

明治日本というのは、「富国強兵」という政策を掲げ、それを短期間で見事に成し遂げた。これは世界的に見てもひじょうにまれな国なのである。

それには、当然、経済発展が付随している。

明治維新から第二次大戦前までの70年間で、日本の実質ＧＮＰは約６倍に増加している。実質鉱工業生産は約30倍、実質農業生産は約３倍になっている。

当時、このように急激な経済成長をしている国はなかった。

日本経済というと、戦後の経済成長ばかりが取り沙汰《ざた》されるが、戦前も奇跡の成長をしていたのである。

戦前の経済成長率は、次のとおりである。

１９０８～１９１７年　３・09％
１９１８～１９２７年　１・50％
１９２８～１９３２年　２・35％

これは戦後の高度経済成長期に比べれば低いが、当時の国際水準から見れば相当に高い。日本は、戦後、経済大国になったと言われるが、実は、戦前の日本も経済的に急成長していたのである。というより、戦後の高度成長は、明治から続いてきた経済成長の延長線上のものだといえるのだ。

日本が富国強兵を成し遂げられたのは、経済の成功によるものなのである。

しかし経済の成功というのは、ちょっとやそっとのことでできるものではない。

特に、明治日本の場合、世界情勢的にもなかなか経済成長ができる環境ではなかった。

欧米は産業革命を100年も前に成し遂げており、国際競争力では日本は圧倒的に不利だった。

しかも、当時の欧米は、帝国主義最盛期の時期であり、ひじょうに狡猾《こうかつ》なやり方で、アジア、アフリカなどを蹂躙《じゅうりん》していた。欧米列強は武力だけではなく、経済的な方法での侵略も行なっていた。現に、日本も、欧米列強から関税自主権を認められないという、圧倒的に不平等な条約を結ばされている。

日本はそんな不利な状況の中で、短期間で世界経済市場に食い込み、爆発的な経済成長をしているのだ。

もちろん、その道はけっして安穏なものではなかった。

本章では、明治日本がいかにして奇跡的な経済成長を遂げたのか？　その理由を追っていきたい。

●明治5年に、すでに鉄道が開通

大日本帝国の経済の成功の要因の一つに、インフラ整備の素早さがある。

その最たるものが鉄道である。

明治日本は、維新からわずか5年後の明治5（1872）年に、新橋～横浜間に鉄道を走らせている。

世界史的に見れば、これは画期的なことである。

実は、欧米以外の国が自力で鉄道を建設したのは、これが初めてのことなのだ。

当時、すでに中国やオスマン・トルコでは鉄道が敷設されていたが、それは外国の企業が作ったものである。外国の企業に鉄道の敷設権や、土地の租借権を与え、その企業の資本で建設されたのである。もちろん鉄道の運営も外国企業である。

しかし日本の場合は違う。

鉄道敷設の技術は外国から導入したものだが、建設の主体は日本であり、運営も日本が行なっている。

また中国が自力で鉄道を敷いたのは1882年のことなので、日本よりも10年も遅れているのだ。中国が西洋の文明に接したのは、日本よりもかなり早かったにもかかわらず、である。

韓国にいたっては、戦前に自力で鉄道を作ることはなかった。

韓国に鉄道が初めて敷かれたのは、1899年のことである。しかも、それを建設したのは日本なのだ。韓国初の鉄道は、1899年に開通したソウル～仁川《インチヨン》間の京《キヨン》仁《イン》線である。これは当初はアメリカの実業家モーリスによって建設されていたが、敷設権が日本の渋沢栄一《しぶさわえいいち》らに譲渡され、日本資本の会社「京仁鉄道合資会社」によって開通したのだ。その後、韓国は自力で鉄道を建設することなく、日本に合併されてしまったのだ。

●綱渡りだった鉄道建設

明治新政府は、発足早々から、鉄道の重要性を認め、建設を決めた。
しかし、新政府はどうやって鉄道を建設すればいいか、皆目見当がつかなかった。誰も鉄道を建設したことはないし、それどころか鉄道に接したことがある者さえ、ごくわずかだったからだ。

鉄道を建設するにあたって、最大の難関は資金だった。
鉄道を敷設するには莫大な資金が必要である。西洋諸国から技術を導入し、機関車や車両を購入しなければならないし、運行も当初は外国人に頼らなければならない。明治新政府には、その資金の目処《めど》がつかなかった。

明治政府は財政基盤が弱く、戊辰戦争での戦費もかさんだため、とてもそんな金は捻出《ねんしゅつ》できない。民間の企業や資本家に金を出させるという手もあるが、日本の国民のほとんどは鉄道というものを知らない。

そのため外国の鉄道会社に日本の鉄道の敷設権を売り、外国企業によって鉄道を作ろうということも考えた。

前述したように当時、アジア諸国の鉄道は、欧米の鉄道会社が作るのが普通だった。アジア諸国が自力で鉄道を建設した例は、まだなかった。日本も、そうなるかもしれなかった。

しかし外国企業に自国の鉄道を作らせることには、抵抗もあり、なんとか自前で作れないかと模索し、英国へ資金調達の打診をした。

そして、伊藤博文、大隈重信《おおくましげのぶ》らの斡旋《あっせん》で、いったんはイギリス人の実業家H・ネルソン・レイに融資を受けることになった。

しかしこのネルソン・レイは山師だった。

日本政府には、自分が個人的に融資をするようなことを言いながら、契約を取り付けていた。この融資契約では、融資額100万ポンド（当時の日本円で488万円）、利子は12％ということになっていた。

ところが、その後、レイは日本政府の名前を使って勝手にロンドンで日本政府名義の公債を募集していた。この公債の条件は、利子が9％だった。

その広告がロンドン・タイムズに出ていたのを、たまたま伊藤博文が見ていたのだ。

つまりレイは、ロンドンで利子９％の公債を発行し、日本政府に12％の利子を自分に支払わせようとしたのである。一国家が発行する公債で、３％もの巨額の利ザヤを一個人でせしめようとしていたのだ。そういう食わせ者の外国商人が、当時の日本にはけっこういたのである。

そのため新政府は、ネルソン・レイを不誠実として契約を破棄し、オリエンタル銀行に公債の発行業務を引き継がせた。

オリエンタル銀行が、ロンドンで外国公債を発行したときの利子は９％だった。ちなみにこのオリエンタル銀行は、日本の明治初期の産業育成に大きな役割を果たしたが、銀の価格暴落などの影響で経営が悪化し、１８８４年に清算している。

このような紆余曲折を経《へ》つつ、ようやく明治５（１８７２）年に新橋〜横浜間に鉄道が開通したのである。

当時のアジア諸国にとって、「鉄道を自国で作る」というのは二つの重要な意味を持っていた。

一つの意味は、鉄道を自国で作れるということは、それだけ国力が増強されたということである。

もう一つの意味は、外国に自国の基幹を握らせない、ということである。

当時は、欧米諸国がアジアなどで鉄道を敷いた場合、鉄道関連施設の土地を租借する権利も付随していた。この権利を盾《たて》にとって、侵攻することが多かったのだ。

たとえば、ロシアは満州《まんしゅう》で鉄道敷設権とその付随する土地の租借権を中国から得て、それを盾にとって満州全土に兵を進めた。そして、日露戦争で勝った日本は、ロシアから南満州鉄道の権利を譲り受け、それを盾にとって満州に兵を駐留させ、その挙句、満州帝国として独立させてしまったのである。

日本が、素早く鉄道を作ったことは、外国からの侵攻を防ぐという意味でも、ひじょうに大きなことだったのだ。

●鉄道建設が、経済成長の原動力となる

明治政府が資金的にはかなり無理をしても鉄道を建設したのは、正解だった。

鉄道の開通が、日本経済の急成長をもたらしたともいえるからだ。新橋〜横浜間に敷かれた鉄道を見て、人々は鉄道がどんなものかを知り、便利さを実感した。

また西南戦争でも、人々は鉄道の重要性を認識した。西南戦争当時（明治10年）には、東京〜横浜間（明治5年）、大阪〜神戸間（明治7年）、京都〜大阪間（明治10年）の鉄道がすでに開通しており、新政府軍の兵士輸送に大車輪の活躍をした。

そして日本全国に、鉄道を建設しようという動きが広がり、各地の商人、実業家たちがこぞって鉄道の建設を始めた。

初開通からわずか35年後の明治40（１９０７）年には、日本の鉄道の営業キロ数は９０００キロを超えていたのである。そしてその7割が私鉄だった。つまり民間資本によって、鉄道のインフラ整備を行なえたのである。

たとえば、明治14（１８８１）年には、日本鉄道会社が設立されている。日本鉄道会社とは、岩倉具視《いわくらともみ》などが音頭をとり、華族などの資金をもとに鉄道を建設しようという趣旨で作られた鉄道会社である。

鉄道建設の促進とともに、華族の経済基盤の確立も目指したものだった。東北本線、常磐線など、現在使われている東日本の基幹線の多くは、この日本鉄道会社が建設したものである。

日本鉄道会社に前後して、雨後の竹の子のように鉄道会社が設立された。明治の鉄道は、私鉄が大きな推進力になった。国は財政が苦しかったので、民間が鉄道を建設するのは、国としてはありがたいことだった。

明治23（1890）年には、私鉄の営業キロ数は国有鉄道を抜いた。

ただ明治政府は、民間資本を使ってこれだけの鉄道整備を行なった挙句、明治39（1906）年には、鉄道国有法を施行した。

鉄道というのは、軍事上も重要な意味を持つものなので、私鉄が多すぎるのはまずいということである。

そもそも明治政府は、私鉄をいつでも国家管理できるような準備はしていた。当時の私鉄は、国の厳重な規制の下、レールの幅なども統一されており、戦争が起きたときに、いつでも軍事利用することができた。

そして、この鉄道国有法により、４８００キロの私鉄路線を国有鉄道が買収し、現在のＪＲに近い姿となった。

明治政府は民間の資本を利用して全国に鉄道を建設し、それが軌道に乗ったところで全部かっさらったわけである。現在では、ちょっと通用しそうにないやり方だけれども、当時としては（国の発展のためには）うまくやったということである。

そして鉄道の建設は、日本の産業の発展に大きな影響を与えた。

明治前半期の産業では、鉄道が大きな割合を占めていた。

たとえば明治18（１８８５）年には、鉄道会社への資本金払込総額は７１３万６０００円に及んだ。日本の工業全企業への資本金払込総額は７７７万１０００円だったので、当時の鉄道会社は、日本の全工業を合わせたくらいの規模があったのだ。

また明治28（１８９５）年には鉄道会社への資本金払込総額は７３２５万３０００円に達し、工業全企業への資本金払込総額５８７２万９０００円を大きく凌《しの》いでいた。

つまり、当時の鉄道会社の規模は、日本の全工業の規模よりも大きかったということである。

この傾向は、日露戦争まで続き、工業全社の規模が鉄道会社を超えるのは、日露戦争後のことなのである。

これを見ても明らかなように、明治日本は鉄道が広がるとともに、文明開化が全国に波及し、各地の産業が発展していったのである。

●明治末期には就学率95%、驚異の教育普及率

大日本帝国の経済発展の要因の一つに、「教育」も挙げられる。

明治政府は維新以来、「国力を充実させるためには、教育がもっとも重要」という方針を採《と》ってきたのだ。

これはひじょうに賢明な処置だったといえる。

一国の経済を発展させるためには、教育は不可欠である。経済発展には、教育を受けた優秀な人材が大量に必要だからである。今では当たり前のことだが、当時はそれを実行している国は少なかった。欧米でも、国家はそこまで教育に力を入れてはなか

ったし、アジアでは、この発想は皆無だったといっていい。

明治５（１８７２）年には、早くも政府は義務教育の基礎となる「学制」を施行した。日本全国に学校を作り、学費を無償化したのだ。

そして明治８（１８７５）年には、日本全国で２万４３０３校の小学校を建設している。現在の小学校数が、２万６０００なので、明治維新からわずか８年で現在の小学校制度に匹敵するものを作ったといえる。

これにより、日本全国の大半の子供が、学校に通えるようになったのである。

教育の普及の素早さは、目を見張るものがあり、これこそが大日本帝国の発展の神髄ともいえる。

当時の日本が、これほど急激に学校を作ることができたのは、ちょっとしたカラクリがある。

というのも、当時の小学校のすべてが新しく建設されたものではなく、江戸時代の寺子屋の施設などをそのまま引き継いで使ったものも多かったのだ。

江戸時代は、教育制度がかなり発達しており、普通の町民や農民でも寺子屋などに通うことが多かった。寺子屋の数は、全国で数万に達していたという。つまり、学校教育を普及させる下地は、江戸時代にすでにできていたのである。

明治8（1875）年当時の小学校では、40％が寺院であり、30％は民家を借りたものだった。この30％の民家のほとんどが寺子屋だったと考えられる。

もちろん就学率は急激に向上し、明治38（1905）年には95・6％に達している。この就学率は、当時のアジア諸国の中では群を抜いており、西欧諸国の中でも高い部類だった。

これらの教育の普及が、急速な経済発展を促《うなが》したのである。

日本は、明治以来、急速に工業化が進んだが、工業化を進めるには質の高い人材が不可欠である。つまりは教育の成果が迅速な工業化という結果につながったのだ。

また教育の普及は、強い軍隊を作り出す要因の一つともなった。

たとえば、日露戦争で日本が勝った理由の一つに「兵士の質」がある。

日本とロシアの陸軍の満州地域での兵力比は、全期間を通じてほぼ互角だった。

しかし陸軍の火器などは、ロシアのほうがかなり優勢だった。特に、当時の最新兵器である機関銃を多く揃《そろ》えていたので、日本軍はこれにかなり苦しめられた。にもかかわらず、日本陸軍が優勢に事を進めることができたのは、ロシア軍の兵士がかなり劣っていたからである。

ロシアは、近代国家における教育制度が整っていなかった。たとえば正確な統計はないが、日露戦争当時（明治37年～38年）のロシア兵の識字率は50％を切っていたという。一方、明治35（１９０２）年の大阪の第10師団の徴兵検査では、読み書き、算術ができない者はわずか25％しかいなかったと報告されている。

つまり、日本兵の識字率は、ロシア兵よりも25％も高く、この面では日本兵が圧倒的に凌駕《りょうが》していたといえる。

識字率というのは、近代戦争において重要な要素だといえる。一兵卒といえども、上官の命令を理解し、それを実行したり仲間に伝えたりする能力が必要なのである。また武器も複雑な構造を持っており、その使用方法を習得するにも、識字率は重要である。

識字率が高いということは、それだけ有能な兵を多く持っているということなのである。

ロシア兵の射撃や兵器の取り扱い能力は、ひじょうに低かったといわれている。ロシア軍の一斉射撃は、ほとんどが頭上高くを飛び越えるばかりだったのである。

またロシア軍の将校は、貴族出身であることが多かった。ロシア軍にとっての将校というのは、特権階級の名誉職のようなものだったのだ。必然的に、職務への情熱や、向上心なども低い。

対する日本は、将校育成のため、陸海ともに明治初期に士官学校を設立している。士官学校は、無料でしかも俸給まで出たために、貧しい家庭に生まれた優秀な子弟がこぞってこれに応募した。そのため、優秀で向上心のある若者が多く集まってきたのである。

●明治2年に電信が開通

明治日本が行なった重要なインフラ整備には、「電信電話」もある。

明治日本というと軍事最優先のようなイメージがあるが、けっしてそうではない。明治の前半期（明治15年くらいまでは）軍事よりもまずインフラ整備に力を注《そそ》いだのである。

明治15（１８８２）年以降、清との対立が激しくなってからは、軍事費が優先されたが、それでも、インフラ整備にはけっして手を抜かなかった。

新政府が維新早々に鉄道建設を行なったことはすでに述べたが、情報通信のインフラ整備も素早く行なった。明治新政府は、鉄道とともに通信が文明国には不可欠なものと考え、電信線の敷設を最優先課題としたのだ。

明治維新からわずか1年後の明治２（１８６９）年8月には、横浜灯明台〜神奈川県裁判所間に電信線を実験架設し、この年の12月には東京〜横浜間の電信線を開通させている。

明治５（１８７２）年には東京〜神戸、翌明治６（１８７３）年には東京〜長崎間の電信線が開通。明治10（1877）年ごろまでには、全国主要都市に電信線網が行きわたった。

日本に初めて電信機が入ってきたのは、嘉永7（1854）年、いわゆるペリーの来航時のことである。

ペリーが持ってきた将軍への献上品の中に、電信機があったのだ。この電信機は公開実験され、当時の日本人を驚愕させた。しかし、それからわずか20年後には、ほぼ日本全国に電気通信網が敷かれていたのである。

電信が開通すれば、情報の伝達が早まり、産業の発展にも大きく影響した。

明治新政府が、これほど素早く電信インフラの整備に力を注いだのは、まず第一に通信網の確立というのがある。

また、欧米列強の脅威を防ぐという目的もあった。

当時は帝国主義の最盛期だったが、そういう時代でも欧米列強があからさまに軍事的侵攻をすることはあまりなかった。当時も、国家間同士の道義や倫理というものは、いちおうあったのだ。

そのため、あからさまな軍事侵攻ではなく最初は経済交流などでその国の内部に巧妙に入っていく。そして産業力、資本力にモノを言わせ、だんだん支配関係になっていくのである。

鉄道の敷設権などは、その最たるものである。

そしてこれは電信の分野にも言えることだった。

日本が開国するとともに、欧米資本の会社が、電信線の敷設を日本に打診するようになっていた。

しかし、これを安易に受け入れることは危険である。

外国に自国の通信設備を握られるということは、自国の根幹インフラを他国に委《ゆだ》ねるということであり、「神経」を他国に支配されるようなものである。だから、なんとかしてうまく欧米の提案をはねのけなければならない。

明治新政府は、いきなりこの難問をつきつけられたのである。

発足したばかりの明治新政府に対して、デンマークの大北電信会社という通信会社が、日本国内の電信線の敷設許可を求めてきた。

この大北電信会社というのは、デンマーク皇室が大株主で、ロシア皇帝も株主になっていた。会社といっても、その背後には大国が控えていたのである。またフランス、イギリスなども、大北電信会社を後押しした。日本で商売をするためには、日本に電信設備が整えられたほうが便利だからである。

このため、日本は折れざるをえなかった。

明治政府は、上海《シャンハイ》、ウラジオストックから長崎までの海底線の敷設権、また長崎～横浜間の海底敷設権を大北電信会社に与えた。

しかし大北電信会社は、さらに本州～九州間の陸上での電信線の架設権をも交渉してきた。

これを見て、明治政府は危機感を抱き急いで自前で電信線を開通させたのだ。

「自分で電信線を敷くから」

ということで、諸外国を納得させようとしたわけである。

明治新政府の電信インフラの整備がいかに迅速だったか、いかに賢明な判断だったかというのは、当時の中国と比較すれば、わかりやすい。

中国では、明治3（1870）年に上海〜香港《ホンコン》間の海底線の敷設権をイギリスに与えており、電信線の建設は当初ほとんどが外国企業によるものだった。

明治5（1872）年4月5日のニューヨーク・タイムズ紙には、次のような記事がある。

「中国の電信線は、政府がいっさい加担せず、完全に外国資本と外国企業の手によって建設され、一方日本の電信線建設は、完全に政府の事業であり、そのために両国の発展傾向の違いが比較でき、実に興味深い」

この記事は、まるでその後の日本と清を言い当てているようでもある。自力で電信事業を開始した日本は、欧米に肩を並べる国に発展していき、電信事業を外国に委ねた清は、欧米列強にいいように食い物にされていった。

中国政府（新政府）による電信線の架設は、明治12（1879）年ごろから始まる。日本よりも10年遅れである。その後の建設の速度も、まったく違う。日本は1880年代のうちに電信局は300局を超え、明治45（1912）年には4744局となっていた。中小都市はもちろん地方の村々にまで、電信が行きわたった。

しかし、中国は明治45（1912）年の時点で、電信局は565局に過ぎなかった。

といっても、他のアジア諸国はどこも似たようなものか、もしくは中国よりも遅れていた。

鉄道とともに、電信の分野でも、日本はアジア諸国に先駆けていたのである。

そして、電信の分野では、大日本帝国は世界でもトップレベルになっていく。

昭和10（1935）年の段階で、電報数、電話通話数ではアメリカに次いで世界第2位だったのだ。それだけ電信電話が普及し、市民生活に溶け込んでいたということである。

●エジソン発明の5年後には、電気が通る

明治日本は、電信のみならず電気の開通も早かった。

ただし電気は、国ではなく民間の企業が整備している。

明治16（1883）年に「東京電燈株式会社」という会社が作られ、明治20（18

〈図版４〉昭和10（1935）年の主要国の電信電話利用量

	電報数（千通）	市外電話通話数（百万度）	市内電話通話数（百万度）
アメリカ	192000	27016	956
ソビエト	79915		33
イギリス	53427	1726	94
フランス	32047	678	220
ドイツ	16765	2168	261
日本	63646	4025	261

（「テレコムの経済史」藤井信幸著・勁草書房より著者が抽出）

87）年になって電気の供給が開始されたのである。

「東京電燈株式会社」というと、今の感覚から言えば違和感のある名前だが、当時は電気といえば電灯が主だったので、会社名に電灯が入っているのだ。この東京電燈の最初の供給先は、鹿鳴館《ろくめいかん》の白熱灯だった。

アメリカでエジソンが電気事業を始めたのが１８８２年のことなので、そのわずか５年後に日本は同様のことをしているのだ。

最初の年の契約者はわずかに１３４人だった。しかし5年後には、１万４０００人以上になっており、浅草凌雲閣《りょううんかく》のエレベーター運転用に利用されるようにもなった。浅草凌雲閣というのは、明治23（1890）年に浅草に建てられた12階建ての商業ビルで、当時としては最高層建築物だった。

明治21（1888）年以降、神戸、大阪、京都、名古屋などにも相次いで、電力会社が作られた。

これら電力会社の開業当初の発電方法は、石炭を使った火力発電だった。が、明治25（1892）年、琵琶《びわ》湖で水力発電所が作られたのを皮切りに全国で水力発電所が作られるようになった。

明治39（1906）年、東京電燈株式会社は、山梨県駒橋《こまはし》で桂川《かつらがわ》系の水力を利用した発電所を建設し、5万5000ボルトの発電、80キロの長距離の送電を開始した。大正2（1913）年には猪苗代《いなわしろ》湖から東京まで送電された。中部山岳地方でも水力発電所が相次いで作られ、京阪神に供給されるようにもなった。

この水力発電のおかげで、電気料金がひじょうに安くなり、全国に電気が普及することになった。

工場では、ボイラーを焚《た》いて動力源を得るより、電気を使ったほうが安くなり、大工場のみならず中小の工場でも電気を使うようになった。

大正5(1916)年には、東京、大阪で約80%、全国でも約40%の家庭に電気が行きわたっていた。

●貿易大国だった明治日本

明治日本が発展するためには、外国からの物や技術の移転が欠かせなかった。しかし、それには金が必要である。

日本は、その金をどうやって賄ったのか?

答えは、輸出である。

日本という国は、明治初期から貿易大国だったのである。というより、幕末に開国して以来、急激に輸出量を増やしている。

93ページの図版を見てほしい。

この図版の対象年の初年1873年というのは、明治6年のことである。明治6年の時点で日本はすでに輸入と拮抗するくらいの輸出を行なっているのだ。

また1870年代と1900年代では、貿易額は20倍に増えている。これは、日本が輸出もしっかり行なっていたことを示している。

輸入ばかり行なっていたのでは、金《きん》や銀が枯渇《こかつ》し、貿易は続かなくなる。

しかも明治前半の日本は、関税自主権がなかったため、関税によって輸入を抑えるということはできなかった。

もし輸入ばかりをしていれば、金銀が流出し、国家経済は成り立たなくなる。そのため輸入品に負けない製品を作って輸入を食い止め、国際競争力のある製品を作って輸出を増やさなければならなかった。

明治日本はその命題を見事に果たし、輸入に見合うくらいの輸出を行なった。

つまり、日本は開国当初から強い輸出力を持っていたということである。

日本が急激に西洋化し、軍事力をつけることができたのは、強い輸出力のおかげなのである。

この輸出力は、何が要因かというと、生糸である。

〈図版５〉明治時代の輸出入（主要開港場貨物輸出入）

	輸出	輸入
1873〜1877年平均	22,125	26,586
1878〜1882年平均	30,268	32,618
1883〜1887年平均	41,714	32,789
1888〜1892年平均	72,600	69,508
1893〜1897年平均	124,010	145,195
1898〜1902年平均	219,153	262,543
1903〜1907年平均	357,293	418,057
1908〜1912年平均	444,805	485,489

（「日本貿易精覧」（東洋経済新報社、1935年）より）

実は日本は江戸時代からすでに「生糸大国」だったのである。日本は、生糸を欧米に大量に輸出する生産力、技術力を持っていたのだ。

そのため、日本は開国以降、素早く富国強兵化することができたのである。

日本が自由貿易を許可したのは安政６（１８５９）年６月２日のことである。

このわずか１カ月後には、運上所《うんじょうしょ》（税関のようなところ）が、生糸の輸出を制限している記録がある。三井《みつい》横浜店の記録によると、安政６年７月22日に運上所が日本商人に生糸を販売しないようにという通達を出しているのだ。

幕府は生糸の輸出があまりに急激に増えたために、国内の生糸不足を懸念したのである。

それほど、日本の生糸は、あっという間《ま》に輸出されだしたのである。

明治日本の発展を支えたのは、生糸だといっても過言ではないくらいなのである。

●生糸が支えた明治の日本

では、なぜ日本の生糸は、すぐに世界貿易で通用したのか？

実は、当時の日本はすでに生糸の生産においては、世界最高水準にあった。

江戸時代、日本の各藩は、養蚕を奨励し、その技術は著しく向上した。江戸時代の末期には、暖房によって養蚕の日数を短縮するという技術も開発されていた。

また養蚕の技術書なども数多く出版されている。元禄15（1702）年、我が国最初の養蚕の技術書『蚕飼養法記』が記され、江戸時代を通じて100冊の養蚕の技術書が出版されている。その中には、1000部以上、刷《す》られた本もあるという。当時の出版技術を考えるなら、これは驚異的だといえる。日本人のマニュアル好きは、江戸時代からあったのである。

江戸時代に出版された養蚕の技術書の中に、『養蚕秘録』というものがある。これをシーボルトが日本から持ち帰り、1848年にはフランス語に翻訳されて出版されている。日本の養蚕技術がそれだけ高かったということである。

西洋では、産業革命により機械による製糸技術が発明されたが、日本ではその西洋技術が入ってくる以前に、すでに簡単な機械を使って製糸を行なっていたのである。

また日本の開国時は、世界的に生糸のマーケットが拡大していた時期でもあった。

アメリカが急速に豊かになり、生糸を欲していたのだ。

それ以前のアメリカは、欧米の中では新興国であり、絹製品というのは贅沢《ぜいたく》品としてあまり需要がなかった。しかし国の発展とともに、絹製品の需要が増し、原料となる生糸を大量に求めるようになったのだ。アメリカは20世紀初頭には、世界最大の生糸消費国となった。

アメリカは1870年代、生糸市場の5%を占めているに過ぎなかったが、1906年から1910年の間には、38%を占め、世界最大の生糸消費国となった。

しかも、明治時代、ヨーロッパの生糸産業は振るわなくなっていた。

ヨーロッパではフランスが生糸の一大産地だったが、蚕《かいこ》というのは飼うのがひじょうに難しく、しばしば病気によって不作になることがあった。

日本の開国時も、ヨーロッパの生糸がひじょうに不作になっている時期だった。1840年代からフランス、イタリア、スイスなど主要な生糸生産国の蚕が病気に冒されはじめ、1868年には全滅の危機に瀕《ひん》していた。日本が開国したのは、1854年なのでまさにどんぴしゃりのタイミングで、日本の生糸が世界市場になだれこんでいったのだ。

ヨーロッパでは生糸は品薄であり、必然的に日本の生糸を輸入することになったのだ。

格安で品質のいい日本の生糸は、欧米で重宝され、瞬《またた》く間に日本の重要な輸出産品となったのである。

日本の技術力と、世界市場での幸運が重なり、日本の生糸は日本経済を支える屋台骨となったのである。

●やりたい放題だった幕末明治の外国商人たち

このように生糸が強力な輸出品となり、明治日本の発展を支えたわけではあるが、最初からすんなり貿易がうまくいっていたわけではなかった。

日本が開国したころの欧米の商人たちというのは、ひじょうに狡猾ですばしこい上に、資本力もあった。

そして何より、当時の国際貿易のルールというのは、欧米の商人たちが作ったものである（それは今もあまり変わらないが）。

そんな中で、300年近く鎖国して国際関係に疎《うと》かった日本は、当初はしてやられるばかりだった。

日本は開国以来すぐに生糸の輸出を大々的に始めるが、この生糸の輸出でも、日本はさんざん痛い目にあった。

当時の日本の貿易は、「居留地貿易」という変則的な形態をとっていた。

当初、日本に来た外国商人たちは居住地を制限され、日本国内での自由な行動は禁止されていた。そのため、日本の貿易のほとんどは、外国商人たちの居留地で行なわれていたのである。

日本の商人たちは、輸出するにも輸入するにも、外国商人の居留地に行かなければならなかった。日本の商人たちは、独自の貿易ルートを持っていなかったからである。

外国商人たちは、難癖をつけて返品したり、自分たちに不利だと思えば急に契約を反古《ほご》にしたりした。また日本の商人は商品の持ち込みに際して、看貫料（商品の検査料）などの名目で不当にさまざまな経費を負担させられた。

この居留地制度は、外国商人たちにとっても不評だった。自分たちで自由に日本国内を回って、商品の買い付けをすることができなかったからである。

しかし彼らは、居留地制度に不満は持ちつつも、ほぼ独占的に日本の輸出入を扱っていたため、利潤は大きかった。

明治初年、日本側の主な輸出品である生糸は、海外販売価格の2分の1、3分の1程度の値段で買い叩かれていたという。居留地の外国商人は、大儲《もう》けしていたのである。

そしてまた、貿易に手慣れた外国の商社に、日本の輸出品が安く買い叩かれる、ということが多かったのだ。日本の業者は、国外に営業拠点を持たないため、横浜などの国際貿易港まで商品を持ってきて、外国の商人に売ることしかできなかった。売値は当然、外国商人の意向に沿った形になる。そのため、貿易のうまみは、みな外国商人たちが持っていったのである。

また当時の日本の業者は、規模が小さかった。

外国商人たちは、それに目をつけ日本の業者たちを手先のように操《あやつ》るようになった。日本の業者に、生糸の買い取り金として、多額の資金を貸し与え、日本の業者はその資金を返済するために、外国商人のいいなりで取引をするようになっていったのだ。

さらに、こんなこともあった。外国商人は、最初に生糸を高く買い取る。それを見た日本の商人たちがこぞって生糸を外国商人向けに集め始めた。それを見計らって、外国商人は買い控えた。生糸相場は暴落し、外国商人は二束三文で、生糸を入手していったのである。

この事態に、日本側も、黙って指をくわえていたのではない。明治14（1881）年9月には、生糸商人たちが、三井、三菱《みつびし》、渋沢栄一などの支援のもと、横浜に「連合生糸荷預所」を作った。

日本各地から送られてくる生糸は、ここでいったん、引き取られる。商人たちはここで妥当な価格で販売し、「連合生糸荷預所」側は妥当な価格で外国商人に引き取らせる、ということにしたのだ。

中小の生糸商人が外国商人と直接取引すれば、買い叩かれたり、不利な条件で取引を強《し》いられたりするので、「連合生糸荷預所」という窓口を作ることで、それを防ごうということである。

しかし、これには外国商人たちが反発し、「連合生糸荷預所」からの生糸の買い入れを一切拒否した。

これを横浜連合生糸荷預所事件という。

このような圧力に屈せず、「連合生糸荷預所」は頑張ったが、3カ月で資金が途絶《とだ》え、外国商人側と妥協的な条件で和解した。

明治32（1899）年に廃止されるまで、この居留地制度は続いた。外国商人による不平等な商慣習はその後も続き、看貫料（商品の検査料）が廃止されたのは、大正時代になってからだった。

●総合商社の誕生

官民の指導者たちはこれを憂慮し、なんとか外国人と対等に貿易できる術を探った。そこで編み出されたのが「総合商社」なのである。

「総合商社」というと、鉛筆からミサイルまでという言葉が示すように世界中のあらゆる物品の輸出入を取り扱う貿易商社である。

この「総合商社」という企業形態、実は日本特有のものなのである。

欧米にも穀物メジャーや石油メジャーのように、貿易商社はある。しかし、どれも一分野に特化しているものばかりであり、日本の総合商社のようにあらゆる産品を扱うことはないのである。

この総合商社は、実は幕末から明治にかけて作られていった商形態である。

日本側は、どうにかして外国商人の意のままになっている今の貿易形態を変えたかった。

欧米各国との通商条約では、別に日本は居留地の外国商人とだけしか貿易をしてはならない、というような取り決めはなかった。日本の商人が、外国に直接行って、物を売ることは規制されているわけではなかったのだ。

だから日本側は、どうにかして、諸外国と直接輸出入できるルートの開拓をしたかったのである。

総合商社は、幕末からそのプランがあった。

「兵庫商社」などである。

兵庫商社というのは、幕府の肝《きも》いりで、三井などが参加して作られた貿易会社である。

兵庫商社は、幕臣の小栗上野介《おぐりこうずけのすけ》によって慶応3（1867）年に計画されたもので、日本の輸出入を一手に引き受けることを目的とした会社だった。

小栗上野介は、日本の国内業者が日本の産品を外国に輸出するときには、この兵庫商社にいったんすべて買い取らせることを義務づけようとした。

外国人を通さずに、日本人の商人だけで、輸出する仕組みを作ったのだ。これにより、外国人から日本の産品を安く買い叩かれることを防ぎ、併《あわ》せて幕府が貿易のうまみを独占しようとしたのである。

後の総合商社の原型といえる。

兵庫商社には、当時すでに大坂を代表する商人だった三井家などに出資させる予定だった。大政奉還、戊辰戦争により、この計画自体は流れたが、その発想は三井物産などに引き継がれた。

また、この兵庫商社に対抗しようとして作られたのが、坂本龍馬《さかもとりょうま》の海援隊《かいえんたい》なのである。坂本龍馬は、兵庫商社設立の動きを察知し、「こんなものを作られたら幕府は強大な力を持ってしまう」と危惧《きぐ》し、土佐藩に出資させて長崎で商社を起《た》ち上げた。

それが海援隊なのである。

そして長州藩、薩摩藩の協力を仰《あお》ぎ、関門海峡～瀬戸内海の貿易航路を独占しようという計画も立てていた。

この発想は後に、岩崎弥太郎《いわさきやたろう》の三菱商会に引き継がれた。

つまり、後の日本を代表する総合商社となる三井、三菱は、すでに幕末にその萌芽《ほうが》があったのだ。

●世界の貿易を牛耳《ぎゅうじ》るようになった総合商社

明治維新の動乱により、いったん、頓挫《とんざ》した総合商社の計画だが、世の中が落ち着いてくると、再び実現に向けて動き出した。

明治初期の日本貿易は、相変わらず輸出の窓口を外国商人に握られていた。当時の日本の商人には、外国と直接取引できるノウハウも資本力もなかった。

そのため、輸出しようと思えばどうしても在留外国商人に頼らざるをえない。外国商人が、その日本商人の足元を見て、あこぎな商売を繰《く》り返していた。

そのため日本の輸出品を日本人が直接、海外で取引できないか、ということが、官民の間で模索されていたのである。

総合商社は、そういう時代の要請を受けて発展したものである。

外国商人に対抗するために、日本国内の零細業者からあらゆる輸出品を買い取り、それを外国商人の手を通さずに外国で売りさばく。あらゆる産品を取り扱う、という現在の総合商社の形態は、明治初期の日本商業の脆弱《ぜいじゃく》さから生まれたものなのである。

総合商社は政府の後押しを受けるなどで勢力を伸ばし、輸出取り扱いで次第に外国商人を駆逐し、やがて海外にも進出するようになったのだ。

その最たるものが、「物産」の名称で知られる三井物産である。

三井物産は、明治9（1876）年、輸出入の取り扱いを目的として設立された総合商社である。

江戸時代からの大呉服商だった三井家は、明治新政府の御用金献納などでいち早く協力したことで、政商として急成長を遂げていた。この三井家が資本を出して作ったのが三井物産である。三井物産は、創業後すぐに、上海、パリ、香港、ニューヨーク、ロンドンなどに支店を置き、貿易を幅広く行なうようになった。

この三井物産に対抗するように作られたのが、貿易商会（後の三菱商事）である。

貿易商会は、明治13（1880）年、岩崎弥太郎や福澤諭吉《ふくざわゆきち》などの呼びかけで作られた。岩崎弥太郎は、言わずと知れた三菱財閥の創業者である。幕末に土佐藩の商務官吏をしていた関係で、維新後は土佐藩の商船などを引き受け、日本の運輸事業の草創期を担《にな》っていた。この三菱商会の肝いりで作られたのが、貿易商会なのである。

三井物産、貿易商会以降、続々と総合商社が誕生した。

明治14（1881）年の段階で、ニューヨークに駐在員を派遣していた日本の商社は、三井物産、貿易商会、同伸商会、起立工商会社、日本商会、七宝商会、佐野理八組、扶桑商会、森村組、田代組の10社を数え、駐在員も31人いたという（『外貨を稼いだ男たち』小島英俊著・朝日新書より）。

また三井物産は、戦前すでにニューヨークのエンパイア・ステート・ビルにオフィスを構えるなど、世界一流の企業と肩を並べる存在となっていた。明治40年代には、三井物産の取引量は約2億円にも達し、日本の貿易総額の2割以上を占めていた。

やがて三井物産は、日本の貿易だけではなく、外国同士の貿易取引も手掛けるようになっていった。日露戦争直後に満州の大豆をヨーロッパに輸出することに成功し、それ以降、三井物産の第三国間の貿易は急成長した。１９３０年には、三井物産の第三国間の取引は全取引額の23％を占めるほどになった。三井物産は、アメリカとヨーロッパを結ぶ大西洋海底ケーブルの最大ユーザーでもあり、アメリカ電信電話公社が三井物産の支店内に社員を常駐させていたほどだった。

このように総合商社は、大日本帝国の急速な経済発展を支えた重要な柱の一つだといえるのだ。

●保険会社設立に見る、明治人たちの心意気

日本の大手保険会社の多くは株式会社ではなく「相互会社」となっている。欧米の保険会社では、株式会社がほとんどである。

にもかかわらず、なぜ日本の保険会社は「相互会社」なのか？

この謎には、明治の日本人の心意気のようなものが隠されているのである。

第一生命を創立した矢野恒太《やのつねた》は、明治26（１８９３）年に「非射利主義生命保険会社の設立を望む」という檄文《げきぶん》を書き、政府や財界にアピールした。

彼は、「生命保険は生命に関する商品であり、これで金儲けをしてはならない」と考えた。そして、生命保険会社は会員組織による相互会社にするべきで、利益が出れば被保険者に分配すべきだとしたのだ。

矢野恒太は、慶応元（1865）年、岡山に生まれ、第三高等中学校医科（岡山大学医学部の前身）を卒業後、日本生命に診察医として入社した。

当時、生命保険会社は乱立状態にあり、詐欺まがいの事件も頻発していた。高い利息をうたい文句に勧誘し、つぶれてしまったり、行方不明になるというような会社も多々あった。また加入者の側も、身体検査の替え玉をするなどの行為が多発していた。

矢野はその事態を憂《うれ》えており、外遊後、帰国して農商務省に入り、保険課長として、明治33（1900）年に制定された「保険業法」を主導的に作成した。この保険業法では、「保険会社は相互会社制度をとること」が織《お》り込まれた。

その後、すぐに農商務省を辞め、明治35（1902）年、日本初の相互会社による生命保険会社「第一生命」を創立させた。相互会社は、その後、日本の保険会社のスタンダードになったのである。

残念ながら、矢野が作った「第一生命」は、平成22（2010）年に株式会社に移行したが、他の日本の大手保険会社は今でも相互会社であり、矢野の心意気を受け継いでいるのである。

●「資本主義」を素早く導入する

大日本帝国は、資本主義というシステムを学び、素早く自分のものにした。

資本主義という経済システムは、発展途上国にはなかなか理解できない部分がある。出資者がお金を出し合って、企業を起こす。事業者は、その資金を使って事業を行ない、利益を出資者に分配する。

この資本主義システムは、より多くの資金を集めて、ダイナミックな企業活動ができる。その反面、ちゃんとした経済社会システムや、投資のルールができていなければ、なかなか出資者は集まらない。発展途上国には、このシステム整備、ルール整備がなかなかできないのである。

しかし、日本はそれをすぐにやり遂げた。

明治4（1871）年9月、民部省の改正掛から『立会略則』『会社弁』という書物が刊行されている。『立会略則』は当時、民部省の官僚だった渋沢栄一が著《あらわ》したもので、『会社弁』は渋沢が福地源一郎《ふくちげんいちろう》に訳述させたものである。

両本とも、「会社」というものの功利を説き、その設立の手順を紹介したものである。

『立会略則』では、事業を行なうには共同出資する（つまり会社を作る）とひじょうに有利であること、事業をするにあたっては会社の自由が保障されるべきこと（国は口を出さない）などが述べられている。

会社というものが、何なのかを日本人に紹介したものだといえる。

また会社として、国から免許を受けるための手順も記されている。商法ができる前、会社という制度を最初に定めたのが、この『立会略則』だったといえる。

渋沢栄一は、政府だけでなく、商人も変革しなければならないと考えていた。

江戸時代までの日本の商人というのは、幕府や藩の役人の顔色ばかりを窺《うかが》う、気概のない者ばかりだった。

江戸時代では身分固定され、新規参入がなかなかできない上に、商人は株仲間などで既得権益がしっかり守られていた。だから普通にやっていれば、それなりに商売はできたのである。役人の機嫌をそこねさえしなければ、商売は回っていったのだ。

そこには商業上の努力や工夫はほとんどない。

渋沢はその当時の実業界の状況を次のように語っている。

「東京、大阪の実業家とも時々面会して業務上に就き種々談話もして見たが、旧来の卑屈の風が一掃されぬため、政府の役人に対する時は只平身低頭して敬礼を尽すのみで学問もなければ覇気もなく、新規の工夫とか、事物の改良とかいうことなどは思いも寄らぬ有様だったのである」（『渋沢栄一・雨夜譚』渋沢栄一著・日本図書センター）

渋沢は、そういう商人たちの世界を何とかして変革したかった。

それには、「会社」という制度を日本に移植することが、まず第一だと思われた。

渋沢は、訪欧中に西欧には「会社」というものがあることを知った。人々が金を出しあって事業を起こす。出資者から委託された経営者が、その事業を経営する。事業の業績が悪ければ、経営者はクビになる。

また西欧では、会社は原則として自由に商活動ができた。国はなるべく商活動には関与せず、事業者たちの自由にさせている。事業者たちが勝手に競争したり、創意工夫をしているうちに産業が発展していく。

日本も、そういうシステムを取り入れるべきだと渋沢は思った。

そのため、欧米流の商業システムを紹介し、併《あわ》せて法整備にも着手したのだ。

●明治11年には、株式取引所が開設

そして明治11（1878）年には、すでに東京株式取引所、大阪株式取引所が相次いで開設されている。開設当初は、会社の株式の売買はそれほど行なわれず、年間2万株程度の取引しかされなかった。

取引は公債の売買が中心だったのだ。当時は旧武士が、秩禄《ちつろく》を奉還する代わりに交付された公債を、生活苦などで手放すケースが多かったのだ。

しかし明治20年代になると、会社の株式の売買は急激に増加した。明治22（188

9）年には、取引所開設当初の２００倍近くにあたる年間３７０万株の取引があった。

明治26（１８９３）年には株式会社の制度が導入され、会社の数が急激に増加している。同時期の西欧諸国よりも多くの会社が作られていた。明治15（１８８２）年には東京株式取引所の上場企業はわずか9社に過ぎなかったが、20（１８８７）年には34社、30（１８９７）年には１１７社になっているのだ。

もともと日本人は、商取引や金融に関して、長じた民族である。

たとえば先物市場は日本が世界で最初に作ったのである。

江戸時代、米の相場は変動が激しかったので、１７３０年ごろ、米商人たちが価格変動リスクを回避するために、年に三回、米の先物取引を始めた。これが、世界で最初の先物取引といわれている。

なので、株式市場に対しても、すんなり入っていくことができたのだろう。

明治の終わりころには、株の大ブームが起きている。その象徴が南満州鉄道株の熱狂的な人気である。

日露戦争の勝利で、日本は南満州鉄道の敷設権を手に入れ、「南満州鉄道会社」を作った。この会社は資本金2万円で、そのうち1万円分を政府が出資する半官半民の国策会社だった。

明治39（1906）年、第一回の株式募集で10万株が売り出されると、募集株数の1077倍の応募があった。帝国ホテルを作った大倉《おおくら》喜八郎《きはちろう》などは、一人で募集株式の全額分を申し込んだ。

第一次大戦では、戦争関連企業の株を中心に高騰し、「株成金」も出現した。第一次大戦での好景気時には、「成金」がキーワードになっているが、この成金には、「船成金」「鉄成金」とともに、「株成金」もいたのである。

第3章

日清、日露の戦費はどうやって捻出したのか？

●「日清日露の戦費は、重税によって賄われた」という嘘

大日本帝国は、日清日露の戦費をどうやって捻出《ねんしゅつ》したか？

これまでの章では、財政改革や経済発展の面から分析してきた。

そして、本章では、具体的な戦費の捻出について追究していきたいと思う。

中学校、高校の教科書などでは、日清日露の戦費は、重税によって賄《まかな》われたというような記述がある。しかし、これは正確ではない。

確かに、現在と比べれば、当時の国家財政に占める軍事費の割合はひじょうに高かった。しかし、他国と比較した場合、日本だけが突出して高かったわけではない。

次の表のように、大日本帝国の軍事費は、戦争をしていない時期というのは、だいたい歳出の30％前後だった。この軍事費の割合は、欧米諸国と比べてそれほど高いというわけではない。たとえば、イギリスは第一次大戦までの10年間（1905年から1914年まで）平均して国家予算の41％を軍事費に投入していたのだ。

もちろん、現代の国家予算から見れば異常な高額だが、軍だけに予算を割《さ》いていたというわけではないのだ。

〈図版６〉軍事費の推移

	軍事費（千円）	歳出に占める割合	ＧＮＰ比
1868（明治元）年	4546	14.9%	
1871（明治４）年	3348	17.4%	
1877（明治10）年 西南戦争	9203	19.0%	
1887（明治20）年	22237	28.0%	2.72%
1894（明治27）年 日清戦争開戦	128427	69.3%	9.60%
1900（明治33）年	133174	45.5%	5.52%
1904（明治37）年 日露開戦	672960	81.85%	22.22%
1912（大正元）年	199611	33.63%	4.18%
1919（大正８）年 シベリア出兵2年目	856303	64.9%	5.54%
1926（昭和元）年	437111	27.7%	2.74%
1931（昭和６）年 満州事変	461298	31.2%	3.47%
1932（昭和７）年	701539	36.0%	5.14%
1937（昭和12）年 日中戦争開始	3277937	69.1%	4.36%
1938（昭和13）年	5962749	76.8%	22.59%
1941（昭和16）年 太平洋戦争開戦	12503424	75.6%	27.85%
1944（昭和19）年	73514674	85.3%	98.67%
1945（昭和20）年 終戦	17087683	45.0%	

（「軍備拡張の近代史」山田朗著・吉川弘文館より筆者が抜粋）

また、国民が過度な税負担を強《し》いられていたわけでもないのである。

実は戦前の日本というのは、税金はそれほど高くはなかった。というより、庶民には直接税はほとんど課せられていなかった。

サラリーマンや使用人の給料には、長い間、税金は課せられていなかったのだ。

サラリーマンの給料に税金が課せられるようになったのは、第二次大戦直前の臨時特別税からなのである。

また明治初期の税収の柱となっていた「地租」も、明治以降、急激に下げられており、農民の税負担もそれほど大きいものではなかったのだ。

高額所得者に課せられていた所得税も、太平洋戦争前までは一律8%であり、累進課税ではなかった。また法人税という概念はなく、企業も個人と同じように8%の所得税が課せられていただけである。

明治政府というのは、国民に極力負担をかけずに、日清、日露の大戦争を戦ったのである。もちろん、それは財政的にひじょうに難しいことだったが、政府の高官たちは、知恵と工夫でその困難を克服したのである。

この二つの大戦争における財政的な成功こそが、大日本帝国の急成長の大きな要素といえる。

●日清、日露の戦費は「酒税」で賄われた

では、どうやって税を徴収していたかというと、当時の税収の柱を占めていたのは酒税だったのである。

もちろん酒税だけで財源を賄ったわけではないが、酒税が明治政府の税収の大きな柱だったことは間違いないのだ。

現在の酒税は、租税収入の３％前後に過ぎず、財源としてはそれほど大きなものではない。しかし、明治時代の酒税は、多いときでは租税収入の30％以上を占め、明治後期から昭和初期まで、税収１位の座を占めていたのだ。

そもそも酒税は、どういう経緯で作られたのか？

明治初期、税収の柱は「地租」だった。

しかし、地租だけでは財源が足りないし、不安定だったので、明治８（１８７５）

年2月、地租以外の諸税の整備が行なわれた。

というのも地租を税制の中心にすると、インフレになれば財源不足に陥《おちい》る。地租は、あらかじめ額が決まっているので、インフレでお金の価値が下がっても、増収になることはない。物価が上がった分の損（コスト）は政府が負担することになるのだ。

また地租の負担は、主に農民に課せられており、不公平でもある。そのため、政府は、税制の柱を地租から他の税目に移していったのだ。

江戸時代は、年貢以外には税金らしい税金はなかったが、運上《うんじよう》冥加金《みようがきん》などとして、さまざまな物品に1500～1600種にも及ぶ「税もどき」が課せられていた。それを整備し、近代的な税制に組み込もうとしたのだ。

この諸税の整備により、明治新政府は、酒税、煙草《たばこ》税などを創設した。これらの新税が、明治時代の中盤以降、国家を支える重要な財源に成長することになる。

特に酒税は、政府にとってひじょうに便利な税金だった。

酒税は、酒に課せられる税金なので、それほど国民は文句は言わなかった。酒は、国民生活にはなくてはならないものだったが、生活必需品とまでは言えない。また、酒を飲む機会が多い人（つまりは金持ち）ほど、多額の税金を負担することにもなった。

そのため、明治新政府は、財源が不足すると、酒税を増税して賄うということを多々行なった。

たとえば日清戦争の12年前の明治15（１８８２）年、日本は壬午《じんご》事変を契機に軍備を増大させたが、これは主に酒税の増税で賄われた。

明治11（１８７８）年には一石１円だったものを、明治13（１８８０）年には一石２円に、明治15（１８８２）年、一石４円に引き上げた。

一石というのは、一升びん１００本分のことである。

明治15年当時の酒の値段は、一石20円前後だったので、酒代の20％が税金だったのだ。

しかし、これは現在、ビールに課せられている酒税よりも税率は低い。

現在のビールには、50％以上の酒税が課せられているのだ。それに比べれば、当時の酒税はそれほど高いとは言えない。

しかしこの明治15年の増税で、年600万円以上の増収となった。明治15年から日清戦争までの陸軍の増強費が年400万円程度、海軍の増強費が年300万円程度だったので、軍事費の増加分は、ほぼこの酒税増税で収まったのである。

そして日清戦争が勃発したときには、特に増税は行なわなかったのである。つまり、日本は増税なしで、酒税だけで日清戦争を戦い抜いたわけだ。

次の表を見てほしい。

酒税は、日清戦争時に租税に占める割合が20%を超えている。そして、日露戦争直前の明治32~36年の5年間は、30%を超え、地租を抜いて税収割合で1位となっている。日露戦争直前の軍備にもっとも金がかかった時期、酒税がそれを賄ったといえるのだ。

明治時代の日本は、日清日露の大戦争を行ない、相当の軍事費がかかった。しかし、軍事費のために地租や所得税を増税するということは、あまりなかった。酒税の

〈図版７〉日清戦争日露戦争前後の主な税収の割合

	総額(千円)	地租	酒税	関税	その他
明治26年	70004	55.4%	23.8%	7.3%	13.5%
明治27年 日清戦争	71286	55.2%	22.7%	8.1%	14.0%
明治28年	74697	51.8%	23.8%	9.1%	15.3%
明治29年	81764	46.0%	23.8%	8.2%	22.0%
明治30年	100883	37.6%	30.8%	8.0%	23.6%
明治31年	103792	37.0%	31.8%	8.8%	22.4%
明治32年	137977	32.5%	35.5%	11.5%	20.5%
明治33年	153459	30.5%	32.8%	11.1%	25.6%
明治34年	162716	28.7%	35.7%	8.4%	27.2%
明治35年	177300	26.2%	36.0%	8.7%	29.1%
明治36年	175231	26.7%	30.1%	9.9%	33.3%
明治37年 日露戦争	239051	25.5%	24.4%	9.7%	40.4%
明治38年 日露戦争	315144	25.5%	18.8%	11.7%	44.0%
明治39年	350303	24.2%	20.3%	11.9%	43.6%
明治40年	376747	22.6%	20.5%	13.3%	43.6%
明治41年	406908	21.0%	22.2%	9.8%	47.0%
明治42年	412602	20.8%	21.3%	8.8%	49.1%
明治43年	406594	18.8%	20.4%	9.8%	51.0%

(「明治後期財政史」坂入長太郎著・酒井書店より)

増税で、なんとか賄っていたのだ。

その後も、日本軍は酒税によって支えられた。日本軍は酒税によって維持されているとさえ、言われていたのだ。

大正時代、秋田の大曲《おおまがり》税務署が出した密造酒に関する警告書には、次のように記されている。

「わが国では20個師団の兵を備え置くには1年に8000万円を要し、60万トンの海軍を保つには1年5000万円を要すから、結局酒税1億円と砂糖税3200万円だけあれば、陸海軍を備え置いてあまりあるわけである」

当時の酒税は1億円あり、これだけで、陸軍、海軍の年間費用がほぼ賄えたというわけである。戦前の日本の軍備は、世界的に見ても相当なものだったが、それを賄えるほどの税収を酒税は稼いでいたのだ。

酒税というのは、酒を買ったときに課せられる税金であり、庶民が日常的に払わなければならない税金ではない。

酒を飲まなければ税金は払わずに済むのである。また庶民の間では、密造酒を作る習慣もあり、酒税を逃れる抜け穴もあったのだ。

特に農村地域では当たり前のように酒が作られていた。酒作りが禁止されたのは、明治になってからの話である。

日露戦争を前にした明治31（１８９８）年、税収増加のために、一般家庭での酒造が禁止された。それまで、酒に税金は課せられていたが、家庭で作った場合も酒税さえ納めていれば合法だったのだ。もちろん、家庭で作った酒を正直に申告するはずはなく、その多くは脱税状態となっていた。

このように、ひじょうに緩《ゆる》い税制で、大日本帝国の税収は支えられていたのだ。

●少ない費用で強い軍を

大日本帝国は、それほど高額な軍事予算を組んでいたわけではなかったのなら、ではどうやって、少ない費用で強い軍を作ることができたのか？

その答えの一つとして、汚職の少なさがあるといえる。

この時期のアジア諸国というのは、汚職が当たり前のように行なわれており、それが国家の発展を阻害していた。

たとえば、清朝では1900年には歳入が1億両《テール》あったが、役人の不法徴収もそれと同じ程度の1億両あったと言われている。19世紀末のイギリスの上海総領事は、正規の租税以外に州県官が私腹を肥やす銀が6000両に上ると見ていた。また中国の海関総税務司となっていたイギリス人R・ハートは、1900年の歳入1億両に対し、官吏の不法徴収や運送費は1億両を下らないと見積もっていた。

つまり、国民は2億両の税負担をしていたのに、国の財政では1億両しか使われていなかったのである。

また清朝では、欧米列強から多額の借金をし関税が担保となっていたため、関税徴収を外国人に握られていた。しかし清朝は、この制度をかえって良しとしていたという。

なぜなら外国人は、借款の返済や必要経費を差し引いた残額をきっちり清朝の中央政府に支払うからだ。外国人による関税の税務司は、徴税費用は13～14%と若干高めだったが、通関数量や税収の報告も正確だった。

もし清の地方官に任せていれば、相当額を中抜きされてしまい、とてもその程度の徴税費用では済まなかったのだ。そのため、清朝の中央政府は、外国人に税を徴収されるという屈辱的な行為を認めていたという。

清は軍事予算自体は莫大な額があったが、その多くは汚職のために消えていた。これは清に限ったことではなく、当時のアジア諸国では普通のことだった。

それに比べれば、明治日本の汚職の少なさは、目を見張るものがあるといえる。

もちろん、汚職も皆無ではなく、明治時代から大きな疑獄事件などはあった。山縣有朋らが公金を商人（山城屋《やましろや》）に貸し出して焦《こ》げ付かせた「山城屋事件」、北海道開拓使長官の黒田清隆《くろだきよたか》が、国営工場などを部下に破格の安値で払い下げしようとした「開拓使官有物払い下げ事件」など、歴史の教科書に載《の》っているような大きな汚職もあった。

しかし、相対的に見れば圧倒的に少ないと言える。

それは、政治家たちの資産を見ればわかる。明治の元勲などを見ても、大久保利通にしろ、伊藤博文にしろ、岩倉具視にしろ、それほど蓄財はしていない。庶民生活のレベルから比べるなら、もちろん彼らはセレブ階級に属する。

しかし他国の権力者などと相対的に見た場合は、彼らの蓄財はかなり少ないといえる。

たとえば、隣国の韓国では現在でも、大統領が自分の関係者に利権をばら撒《ま》き、大統領が辞任するたび汚職で告発される、ということが繰《く》り返されている。またタイでも、タクシン元首相がべらぼうな蓄財をしていたため、これまた告発されている。昨今、中東で頻発している市民の暴動なども、権力中枢があまりに利権を持っていることが要因でもある。

それらを比べたとき、明治維新時の指導者たちは相当にクリーンだったといえるだろう。

しかも当時は、近代的な民主主義思想が広まっていた時代ではない。まだ封建制度がやっと終わったばかりという時代である。権力者が自分の権力を利用して蓄財をすることは当然の世の中だったし、世間もそれを黙認していた時代である。

その時代において、彼らは私利私欲を追求しなかった。それが、大日本帝国が経済効率の高い軍を作ることができた要因の一つなのだ。

●国産兵器を作れ！

大日本帝国の軍事費が、それほど高くなかった要因の一つが、「武器の国産化」だといえる。

当時の武器は、欧米諸国が圧倒的に優《すぐ》れていた。

日本をはじめアジアの国々は、軍備を充実させようと思えば、欧米諸国から武器を購入しなければならなかった。

しかし欧米から武器を購入するということは、当然、高くつくことになる。

また外国から武器を購入するということは、外国に軍備を依存するということである。これでは、いざというときには、欧米諸国に逆《さか》らえない。

そのため明治新政府は、武器を自国で製造することを、重要なテーマとした。

かの西南戦争でも、新政府軍が西郷軍に勝った要因の一つが、物量である。

明治新政府は、西南戦争当時、すでに小銃の弾《たま》や、大砲の砲弾の製造設備を作っていた。砲兵工廠の東京本廠では、主に小銃弾を、大阪本廠では主に砲弾を製造していた。西南戦争中、一日で20万発を生産したこともあったのだ。

西南戦争で、新政府軍が使った小銃弾は、３５００万発であり、西郷軍５００万発の7倍である。新政府軍は、物量において西郷軍を圧倒したのである。

日本は、明治以降、急速に武器製造技術を身に付けていった。

日清戦争のときには、「歩兵銃」をすでに自前で製造していたし、日露戦争時には、巡洋艦も造れるようになっていた。

日本の武器製造技術の中でも、特に優れていたのが、造船の分野である。造船に関して大日本帝国は、欧米に追い付き、追い越した感さえある。

日本が造船に力を入れはじめたのは、黒船の衝撃からである。「黒船の脅威」で開国を余儀なくされた日本は、自分たちも黒船を造ることで、欧米に対抗しようと考えた。そのため、〝造船業〟を、もっとも優先的な産業と位置づけたのだ。

造船業は幕末からすでに日本の最重要産業と位置づけられ、幕府は厳しい財政の中、長崎、横浜、横須賀に造船所を建設していた。これが、造船大国日本の礎《いしずえ》となった。長崎造船所は、安政4（1857）年にオランダの技術指導のもと、幕府が作っていたもので、同年には日本最初の蒸気汽船「瓊浦形《たまうら》」を作っていた。

幕府が作った造船所は、明治新政府に引き継がれ、その後、民間に払い下げられた。

明治6（1873）年に御召艦「迅鯨」と、軍艦「清輝」の2艦の建造が開始され、2年後の明治8（1875）年に、「清輝」が進水した。「清輝」は日本海軍が建造した最初の軍艦である。

幕末に幕府も「千代田形」と呼ばれる軍艦を竣工しているが、これはわずか排水量138トン、60馬力に過ぎなかった。「清輝」は排水量897トン、720馬力であり、初の本格的な軍艦といえた。

しかし、「清輝」も木造艦であり、甲鉄艦を製造できるには至っていなかった。

明治20（1887）年6月には、長崎造船所が三菱に払い下げられた。これにより日本最大の造船企業「三菱造船所」が設立され、日本の造船業が大きく発展することになった（ただし、この払い下げでは、代金は45万9000円の50年払いだった。政府は、この造船所のために、113万円をかけていたので批判も大きかった)。

その後も海軍は、イギリスなどから技術指導を仰《あお》ぎ、軍艦の建造技術を進展、拡充させた。

日清戦争時には巡洋艦「橋立」を建造している。「橋立」は、排水量4300トン、速力16ノット、5000馬力で、欧米の巡洋艦の性能と比べても、ほぼ遜色《そんしょく》のない出来となっている。

明治29(1896)年には、「造船奨励法」が施行される。これは、国内で生産された700トン以上の船には補助金が出るという制度である。

また「航海奨励法」も施行された。これは、国内の海運会社が1000トン以上の船舶を買うときに補助金が出るという制度である。

日清戦争時に、兵員や軍需物資の輸送で、大量の船舶が必要だということを痛感した政府は、民間の大型船舶を増やすことで、対応しようと考えたのだ。

当初は、この「航海奨励法」は、とりあえずどんな船舶でも1000トン以上なら
ば補助金が受けられたが、明治32(1899)年には国内で生産された船舶への補助

金が増額された。

この二つの補助金制度により、日本の造船業界は大きく発展することになった。日露戦争（明治37年～38年）では、すでに、三等巡洋艦（排水量４０００トン未満）は自前で造っていた。

そして日露戦争直後には、戦艦さえも建造しはじめた。

戦艦というのは、当時では世界最強の兵器だった。強大な戦艦の保有数によって、国の力関係が決まっていたのである。大英帝国の威厳も、その圧倒的な戦艦保有数にあったのだ。日本は、その最強の兵器を明治維新からわずか40年足らずで、建造できるまでになったのだ。

明治38（１９０５）年には戦艦「薩摩」、明治39（１９０６）年には戦艦「安芸」の建造が開始された。日本が戦艦を他国から購入したのは、明治44（１９１１）年にイギリス・ヴィッカーズ社に発注した巡洋戦艦「金剛」が最後である。この「金剛」は、イギリスの最新技術を会得するために、あえて購入されたものである。この「金剛」以降、日本は主力軍艦をすべて自前で建造している。

●外国からの借金をせずに戦った日清戦争

日清戦争は、実はそれほど戦費はかかっていない。

いや、戦争なのだから、それなりに費用はかかった。しかし、日露戦争に比べればはるかに戦費は安かったのである。

そして、日本は清との戦争を国内の財政だけでやりくりしたのである。

というのも、日清戦争では外債を発行していないのだ。つまり、外国から借金をせずに、自国のお金だけで戦争をしたということである。

近代戦争というのは、ひじょうに金がかかるものであり、当時は、欧米諸国でも戦争をするときは外債を発行するのが常だった。

欧米に比べればはるかに経済力のない日本が、それをしなかったというのは、いかに大日本帝国がやりくりがうまかったか、ということである。

当初は外債を募集しようという話も出ていた。

またイギリス、フランス、ドイツなどからも、日本政府に「外債に応じる用意がある」と申し入れがあった。

しかし松方正義や、日銀総裁川田小一郎《かわだこいちろう》らが強硬に反対したため、外債は発行されなかったのだ。

しかも日清戦争中は、増税もしなかった。

増税もせず、外債も発行せず、清との戦争を戦い抜いたのだ。

もちろん、当時の日本にそんなにお金の余裕があったわけではない。

では、日清戦争はどうやって戦ったのか？

国内での軍事公債の発行である。

政府が戦争のために国債を発行して、国民にそれを買ってもらったのである。

日清戦争の軍事公債発行額は、１億１２５０万円に達した。そのうち、公募による消化は７９００万円、残りを日本銀行などが引き受けた。つまり軍事公債の７割は、国民によって購入されたのである。

日清戦争前年の国家歳出が、８４００万円程度だったので、歳出１年分の軍事公債を国民だけで買ったのである。

これだけの公債を国民が購入できる、ということは、国民にそれだけの経済力があったということである。国民が貧苦にあえいでいれば、公債を買う余裕などはない。国民生活は、それなりに豊かだったということである。

外国から無借金で日清戦争を戦い抜いたことは、その後の大日本帝国にとってひじょうに大きかった。なにしろ、清から得た賠償金は、まるまる使えることになったのだ。

それが日露戦争のための軍備で生きることになった。日清日露戦争は、国民が豊かだったからこそ勝てた戦争だともいえるのだ。

●清を驚かせた日本軍の急成長

日清戦争の勝利は、清国の戦意の低さを最大の理由に挙げられることが多い。

確かに、清国の戦意の低さにより、ほぼ「戦争にならない」というような圧勝で、日本が勝利を収めた。

しかし、これは日本側から見た解釈であって、清国側や諸外国から見ると、また違った要因が見えてくる。

それは、日本の軍が予想以上に充実していたことである。

開戦前、清国は、日本軍を完全になめていたのである。

「せいぜい、数百人程度の軍を派遣してくるだけだろう」と。

日本の国力から見れば、それが精一杯だろうと踏んでいたのだ。

軍を派遣するということは、国力が問われるものである。当然のことながら、それなりの財政を持っていなければならない。誕生したばかりの大日本帝国にそんな余裕はないと、清は踏んでいたのだ。

また軍を派遣するためには、国内情勢も安定させなければならない。軍を外国に派遣すれば、国内の兵力がそれだけ手薄になる。国内に不安定要因を抱える場合は、当然、それはできなくなる。

外国に多数の兵を派遣するということは、それほど高いハードルを越えなければならないのだ。

清国は、「日本にそれができるはずはない」と考えていた。

明治27（1894）年6月、日本と清が朝鮮に兵を派遣し、一触即発になったとき、日本は戦争回避のための交渉を用意した。イギリスに仲介を依頼し、清国と共同で朝鮮の内政改革を行なうよう提案したのだ。しかし、清は「朝鮮の宗主国は我が国である」とし、日本の提案を一蹴《いっしゅう》した。

つまり清国は、日本との交渉にはまったく応じなかったのである。

しかし当時の大日本帝国は急速に力をつけ、清の予想を裏切ることになる。東学党《とうがくとう》の乱《らん》を収拾するとして派遣した日本の軍は、なんと5000人だった。せいぜい数百人規模の派兵と思っていた清の予想を大きく裏切った。

その5000の兵も、清国内の軍閥のような武器もまともに持たない私兵集団ではなく、近代的な銃器を装備し、十分に訓練された西洋式の軍隊だった。アジア諸国で、このような新鋭の軍を持っている国はほかになかった。小国日本がこのような近代的で強力な軍を派遣してきたので、清国は驚嘆したのである。

また清国は、小国日本が、本気で戦争をしてくるとは考えていなかった。

明治27（1894）年7月19日に日本は、清に最後通牒をつきつけた。外務大臣陸《む》奥宗光《つむねみつ》が、在清イギリス公使館を通じて、「今から5日以内に新たな交渉の提案がなく、また清国が朝鮮に新たな増兵をした場合は、脅迫の処置と認める」と、清国に通知したのだ。

しかし清は、これを単なる外交上の脅し文句であり、本当に戦争をする気はないと思っていたのだ。

だから、その1週間後の7月25日、日本の軽巡洋艦「吉野」が、清国の巡洋艦「済遠」を攻撃したとき、清国はまったく面《めん》くらってしまった。これは、豊島沖《ほうとうおき》海戦と呼ばれているもので、清が朝鮮に増援部隊を派遣するための輸送艦隊を日本艦隊が攻撃したのだ。これが日清戦争の開戦となった。この豊島沖海戦では、清国の増援部隊1200名を乗せた輸送船を沈没させるなど、日本側に大きな戦果があった。

清国はこのことを恥じたのか、外国の通信社にも公表しなかった。

4日後の7月29日、豪雨の中、朝鮮の東北地方、牙山《アサン》で最初の陸戦が行なわれた。日本の大島義昌《おおしまよしまさ》率いる第9旅団4500は、清国の葉志超《ようしちょう》の軍3000を圧倒した。

以降、日本はほとんどの戦闘で、大勝を収めた。日本軍は、無人の野を行くがごとく、朝鮮半島全土に進軍を続け、兵站《へいたん》が追い付かないほどだった。

日本軍は、10月25日には九連城《くれんじょう》を攻略した。九連城は、当時の清と朝鮮の国境付近にあり、清側に位置していた。つまり、この時点で朝鮮半島のほぼ全土を制圧し、清の領内まで踏み込んだということである。開戦してわずか3カ月あまりのことだった。

清国は、150万人の常備軍を持つと自称していたが、それは中世の軍としての大きさだった。

銃器を装備し訓練を受けた「近代的な軍」としては、数万人の規模しかなかった。日清戦争中、清国の主力であった李鴻章《りこうしょう》の淮《わい》軍は、全部合わせても日本の一個師団程度だった。それに対して日本は、日清戦争に7個師団（24万人）を投ずることができたのだ。

清国は日清戦争を通じて、すべての会戦で日本軍よりも少ない兵しか投じられなかった。

それは逆に言えば、日本は日清戦争を通じて、清国を圧倒する兵数を揃《そろ》えることができたということである。

●財政的にも分が悪かった清

戦争というのは、経済力の戦いでもある。

当時の日本と清国を、経済の面で見てみたい。日清両国の財政を比べると、実はそれほど遜色がないのである。

清国…約８０００万両（当時の日本円で約1億２０００万円）
日本…９８６２万円

当時、清国は大国と見られていたが、財政規模から見れば、それほど大きくないことがわかる。

日清戦争開戦時（明治27年）、清国の財政支出は当時８０００万両で、日本円にして1億２０００万円である。

一方、日本は9862万円だった。

金額の差は、それほど大きくはない。ほぼ拮抗《きっこう》しているといえるだろう。

しかも清国は、広大な国土があり、統治するだけで莫大な経費がかかる。また当時は、「太平天国の乱」などのために、諸外国から多額の借り入れをしており、その返済にも追われていた。

しかし日本は小国であり、統治のための費用は清国ほどは必要ない。だから歳出の多くを軍備に回すことができた。

つまり財政的な面でも、日清戦争時は日本に分があったといえるのである。

しかも当時の清国は、清朝の末期であり、宮廷内では不正がはびこり、民衆の不興を買っていた。兵士たちは、まともな訓練も受けておらず、戦意も低かった。

それはアジア諸国の中では、当たり前のことでもあった。

だから、清国から見れば、自国が弱かったのではなく、日本軍が思ったよりも強すぎたのである。

清は多額の軍事予算をかけていたが、その多くは不正に横流しされていた。188

５年に海軍が作られたが、年間予算４００万両の大部分が西太后《せいたいごう》と醇親王《じゅんしんのう》の私的費用に消えたという。

イギリス・大砲メーカーのアームストロング社の代理人バルタサー・ミュンターによると、李鴻章に速射砲の売り込みに行くと、発射実験を行なうやいなや「リベートをいくら出すか？」と聞かれたという（『明治の外国武器商人』長島要一著・中公新書）。

日清戦争では、結局、日本海軍は主にアームストロング社の大砲を使い、清海軍はドイツのクルップ社の大砲を使った。日本海軍は、アームストロング社の速射砲を効果的に使うことで清海軍を圧倒した。ドイツのクルップ社が清にリベートを多く出したのかどうかは不明であるが、海戦の結果から見れば、アームストロング社のほうが勝《まさ》っていたといえる。

清は、定遠、鎮遠、済遠という大型艦船を持っていたが、乗組員の技術が低く、操船に慣れていなかった。しかも当初雇っていた外国人乗組員を、維持費が高いということで大量解雇してしまっていた。

清海軍は、日清戦争の直前、それまで雇っていた外国人の提督をクビにし、中国人の丁汝昌《ていじょしょう》を提督にした。丁提督は、夏の暑い日には上半身裸になって火夫たちとマージャンに興じるなど、近代海軍の提督というよりは、ならず者の親分という人物だった。彼には、とうてい、近代海戦の指揮は務まらなかった。

清は、日本よりも大きな軍艦を持ってはいたが、宝の持ち腐れ状態だったのだ。財政面とその運用面において、清は日本よりかなり分が悪かったのである。

●ロシアと戦うために、国家予算の5割を軍事費に

これまで大日本帝国の軍事費はそれほど大きなものではなかったと、述べてきた。しかし、日露戦争を前にしたときには、さすがに国家的にかなりの規模での財政出動があった。簡単に言えば、国家予算の5割を軍事費につぎ込んだのである。

もちろん、そうなったのには理由があった。

ロシアの脅威が並大抵ではなかったのである。

日清戦争では日本が勝利を収めたが、その勝利は後味の悪いものだった。

日清戦争の戦後処理を決めた下関《しものせき》講和条約では、清は遼東《りょうとう》半島の日本への割譲を

認めていたが、この地域に利権のあったフランス、ドイツ、ロシアが共同し、日本に対して遼東半島は清に返すように要求したのだ。

日本はこの圧力に逆《さか》らえず、遼東半島の割譲は諦《あきら》めた。

日本としても、いくらなんでも、フランス、ドイツ、ロシアを敵に回すことはできなかった。フランスやドイツは、極東まで大軍を派遣することは難しいが、ロシアは派遣できる。だから少なくとも、ロシアに勝てる見込みがなければ、彼らの要求に従うしかなかった。

そのため日本は、この三国干渉を機に再度、猛烈に軍備に励むことになった。

この直後、ロシアは遼東半島の大連《だいれん》、旅順《りょじゅん》を租借した。そしてロシアは満州全土に兵を配備しはじめた。しかもロシアは、満州を手に入れた後は朝鮮にまで手を出してきた。

日本にとってもっとも警戒していたことが現実となりつつあったのだ。

ロシアと戦うためには、相当の軍備が必要である。戦艦も揃えなければならないし、兵員の拡充も必要である。

日清戦争当時、日本海軍は巡洋艦クラスの軍艦を7隻程度保有していた。日清戦争中に2隻の戦艦を購入、清の海軍が持っていた軍艦11隻なども手に入れていた。しかし、これでも大国ロシアの海軍にはとうてい、太刀打《たちう》ちできない。

日本は、日清戦争直後の明治29（1896）年から10年間で、1億9000万円をかけて海軍を大拡張することにした。戦艦4隻、一等巡洋艦6隻、三等巡洋艦2隻その他駆逐艦や水雷艇など合計74隻の軍艦建造を計画した。

陸軍兵力も、当時の常備軍12万人を倍の24万人程度に増員される計画が立てられた。

それには、もちろん莫大な費用が必要となる。

アジアの小国日本は、どうやってこの軍備を行なったのか？

簡単に言えば、国家予算をむりやりつぎ込んだのである。

図版8のように日露戦争前の10年間、国家予算に占める軍事費の割合は、平均で50%程度もあった。現在の日本の防衛費が国家予算の5%程度であることを考えると、50%というのは異常に高いといえる。

〈図版８〉日露戦争の直前10年間の軍事費

	軍事費額（単位千円）	国家財政に占める割合
明治27（1894）年	128,565	69.4％
明治28（1895）年	117,190	65.6％
明治29（1896）年	73,416	43.5％
明治30（1897）年	110,728	49.5％
明治31（1898）年	112,650	51.3％
明治32（1899）年	114,442	45.0％
明治33（1900）年	133,807	45.7％
明治34（1901）年	106,959	40.1％
明治35（1902）年	86,523	29.9％
明治36（1903）年	151,317	47.9％

（大蔵省資料より）

〈図版９〉明治33年（日露戦争の4年前）の各国の財政に占める軍事費の割合

	日本	ロシア	イギリス	アメリカ	ドイツ	フランス	イタリア
財政に占める軍事費の割合	45.5％	21.6％	37.9％	36.7％	44.2％	30.3％	22.5％
GNPに占める軍事費の割合	5.5％	2.3％	2.5％	1.0％	2.1％	3.3％	2.6％

（日露戦争（一）　軍事史学会・錦正社より）

しかも、当時の日本は今のような経済大国ではない。社会のインフラもまともに整っていない中で、国家予算の50%も軍事費につぎ込んでいるのだ。

当時は、帝国議会も開設されており、政府は予算を議会に通さなければならない。つまり、この高額な軍事予算は、政府が勝手に行なったことではなく、いちおう、国民の同意があったのである。

当時の選挙権は、15円以上税金を納付している者（1900年から10円以上）とされていたため、全国民の同意があったわけではないが、国民の意志をある程度反映していたことは間違いない。

日清戦争から日露戦争にかけての日本の軍事費の比率というのは、世界でも飛びぬけていた。図版9のように、この当時の日本は、欧米各国と比較してももっとも高く、ロシアの2倍にもなっている。

GNPに占める軍事費の割合も高い。

欧米各国の2倍から3倍ということである。つまり、国民が負担していた軍事費というのは、欧米各国の2倍程度もあったということだ。日本は国が貧しいにもかかわらず、相当無理をして軍備を行なっていたということである。

明治の人々がいかにロシアを恐れていたか、ということである。

また軍事費を確保するために、明治日本は血のにじむような努力をしている。

たとえば明治24（１８９１）年、国会の反対で戦艦の建造予算が削減されると天皇が「国防を疎《おろそ》かにすると百年の悔《く》いを残す」として、皇室費と公務員の給料を削減して、削減分を補塡《ほてん》した。

まさに国を挙げて、強い軍隊を作ったのである。

●それでも軍事費は、ロシアの3分の1に過ぎなかった

日露戦争の敵国ロシアというのは、明治日本にとってはやはり相当にシンドイ相手だった。

日清戦争の相手である清もアジアでは大国だったが、ロシアの比ではない。

ロシアはアジアではなくヨーロッパの国である。しかも、ヨーロッパでも有数の大国である。経済力の差も、半端ないものがあった。

図版10は、日露戦争の4年前のGNPを比較したものである。日本はロシアの8分の1、イギリスの9分の1、アメリカにいたっては、15分の1にしかならない。GNP一人当たりの額も、欧米では低レベルだったロシアの半分以下である。日本は、本当に貧しい国だったのだ。

明治の日本というのは、欧米から見れば弱小国家にしか映らなかったはずだ。軍事費の額も、欧米に比べれば著しく低い。ロシア、アメリカの3分の1、イギリスの4分の1しかないのだ。前項で述べたように日本は、相当に無理をして軍事費につぎ込んだ。それでももともとの経済キャパが小さいので、純額ではとてもロシアにはかなわなかったのだ。

そんな状況で、日本はロシアに戦いを挑んだのである。

●日本が、ロシアに対抗できる軍事費を捻出できた理由

前項では、日本は日露戦争前の10年間、国家予算を無理やりつぎ込んで、軍備を拡張した、ということを述べた。

〈図版10〉明治33年（日露戦争の4年前）の各国のＧＮＰ

	日本	ロシア	イギリス	アメリカ	ドイツ	フランス	イタリア
ＧＮＰ	1200	8800	10000	18700	9800	6500	3000
一人当たりの額	30	70	240	250	180	170	90

単位・ＧＮＰ＝百万ドル　一人当たりの額＝ドル

（『日露戦争（一）』　軍事史学会・錦正社より）

〈図版11〉現在（2008年）の各国のＧＤＰ

	日本	ロシア	イギリス	アメリカ	ドイツ	フランス	イタリア
ＧＤＰ	4909	1677	2653	14441	3645	2853	2303
一人当たりの額	35651	11858	48072	46820	41581	42849	37145

単位・ＧＤＰ＝10億ドル　一人当たりの額＝ドル

（財団法人　国際貿易投資研究所ほかの資料から算出）

〈図版12〉明治33年（日露戦争の4年前）の各国の軍事費

	日本	ロシア	イギリス	アメリカ	ドイツ	フランス	イタリア
陸軍	37	162	107	135	168	139	54
海軍	29	42	146	56	37	73	24
軍事計	66	204	253	191	205	212	78

単位＝百万ドル

（『日露戦争（一）』　軍事史学会・錦正社より）

しかし、当時の日本のGNPはロシアの8分の1であり、もともとの経済スケールがまったく違う。普通に考えれば、どんなに頑張っても、ロシアに対抗できるほどの軍備を整えるのは無理である。

日本はどうやって軍費を調達したのか？

それは日清戦争の賠償金である。

日清戦争の賠償金の使い道では、官営八幡製鉄所などが有名だが、実はそのほとんどは軍事費に使われていたのである。

日清戦争の賠償金は、当初は2億両だったが、遼東半島を還付したので3000両が加算され、合計2億3000両である。日本の国家予算の4・2年分である。

これは、すべてイギリスのポンドで支払われ、3808万ポンドだった。日露戦争で、連合艦隊の旗艦だった戦艦「三笠」が120万ポンドだったので、清からの賠償金だけで、三笠クラスの戦艦が30隻造れるということだ。日露戦争では連合艦隊の戦艦は6隻だったので、戦艦だけで言えば日清戦争の賠償金で連合艦隊が5セット作れたことになるのである。

この清からの賠償金がどれだけ巨額だったか、ということである。

そして、この賠償金は、約80％が軍事関連費に使われた。

日清戦争時には1隻も持っていなかった主力艦を、日露戦争時には14隻も保有できるようになったのは、この賠償金あってこそなのである。

もしこの賠償金がなければ、とうていたった10年でロシアに対抗する軍備をすることは無理だったといえる。日本軍の急速な近代化、強力化を支えたのは、清からの賠償金だったのだ。

●日露戦争の戦費を調達した男、高橋是清とは？

明治日本は、日清戦争の賠償金のほとんどをつぎ込み、国家予算の50％を割くことによって、なんとかロシアの極東軍と戦争する態勢を整えた。

しかし、戦争を開始するにあたっては、もう一つ財政的に大きな問題があった。

それは、戦争の経費（戦費）をどうやって賄うか、ということである。

戦争になると、大量の砲弾、食糧、燃料等が必要になる。その費用は、通常の軍事費には含まれていない。だから、その莫大な戦争経費を、どうにかして調達しなければならなかったのだ。

国家予算はギリギリの状態であり、とても戦争経費を賄う余裕はない。日露戦争の費用は総計で、19億8612万円である。当時の国家予算は2億5000万円程度だったので、8年分である。

日本はいったい、この戦費をどうやって賄ったのか？

このうち14億7329万円は国債で賄われた。つまり4分の3は、借金で賄ったのだ。そのほかは、臨時特別税などで賄った。

ではこの国債をどうやって消化したのか、というと、外国に引き受けてもらったのだ。14億7329万円の国債のうち、実に13億円が外債、つまり外国からの借金で賄ったのである。

しかし、公債を外国に買ってもらう、というのはひじょうに困難なことだった。当時、世界中のほとんどの国が、ロシアと日本が戦争をすればロシアが勝つと思っていた。負けるのがわかっている国の公債を買うはずがない。

だから公債を外国で募集し、戦費を調達するのは、至難の業《わざ》だった。

この外債募集の役目を引き受けていたのが、高橋是清《たかはしこれきよ》なのである。開戦するとすぐに、外債募集のため高橋是清がアメリカ、ヨーロッパに派遣されることが決まった。

当時の高橋是清は、日本銀行副総裁という日本の財政を担《にな》う立場であり、しかも英語がネイティブのように堪能であり、欧米に知人も多い。この重大な役目に、うってつけの人物だったのだ。

しかし高橋是清は政府に対して重大な懸念を抱いていた。それは次のようなことである。


「政府の外債談が起れば、常に内外にいわゆるブローカーが現われて、コンミッションを自分の手に収めんと、様々のことを政府に申立てて来る。その場合いささかにても政府筋がこれに迷い、少しでも彼らに耳を傾けるようなことがあっては、出先の者の仕事に支障となり、結局政府に迷惑がかかり、損失を受けることともなるのであるから、いかなる者がいかなる中立てをしても、政府はこれを一切取上げず、委任したる全権者に絶対の信用を置かれたい。もし政府においてこの決心が出来なければ、私は到底この大任を引受けることは出来ません」(『高橋是清自伝』中公文庫より)

これは、井上馨が高橋是清にロンドン行きを命じたときに、高橋が述べた言葉である。井上馨はこれを聞いて「それはもっともなことだ」と答え、覚書を作成した。高橋はようやく安心して欧米に向かうことができたのだ。

●イギリスもアメリカも、公債の引き受けには冷たかった

高橋是清が、公債の調達にまず赴《おもむ》いたのはアメリカだった。

高橋は、アメリカでの留学経験もあり、知人も多かった。まずそのアメリカで公債調達の目処《めど》を立てようと考えたのだ。

しかし、アメリカでの外債募集は難しかった。

当時のアメリカは、豊かな国ではあったが、まだ未開の地が多く残る発展途上の国だった。アメリカ自身がヨーロッパから投資を募《つの》っている段階であり、日本に投資をするような状況ではなかったのである。

次にヨーロッパに向かったが、ここでも芳《かんば》しくなかった。

当然のことながら、当時の国際的な評価では、アジアの小国に過ぎない日本が、ヨーロッパの強国ロシアに勝てるわけはない、ということになっていた。なかなか外債を買ってくれる国は現われない。

それに、日本には担保になるものがなかった。ロシアには、広大な国土と、鉱山があったので、もし戦争に負けてもそれを取ればいい。しかしそれに匹敵するような、資産はなかった。

ヨーロッパ諸国は、日本には金を貸さず、ロシアにばかり投資をしていたのだ。

日本は、当初、イギリスをあてにしていた。

日露戦争の直前に、イギリスと同盟を結んでいたので、そのよしみで外債を買ってくれるのではないか、と考えていたのである。

しかし、イギリス人は、日本人が思っている以上にしたたかだった。同盟は結んでも、お金を貸すことはしない。同盟はあくまで、ロシアの脅威から自国の権益を守るためのもの。日本の勝利のためにお金を出すことまでは考えなかったのだ。

それでも高橋是清は、イギリスの銀行家たちを説得し、なんとか500万ポンドの公債の発行にこぎつけた。

高橋是清が政府から申し付けられた公債の額は1000万ポンドであり、イギリスで発行できるのはその半額に過ぎないが、それでもないよりは全然マシである。

●日本に力を貸したユダヤ人銀行家

イギリスで予定の半分の公債発行が決まった直後、高橋是清に思わぬ幸運が訪れる。

公債発行を祝うパーティーに、アメリカ国籍のユダヤ人銀行家ジェイコブ・シフという人物が招待されていた。

シフは高橋のそばに来て、日本の経済状態について細かく聞いてきた。是清はそれに丁寧に答え、今回、日本は公債を1000万ポンド発行しようとしており、そのうちの半分をイギリスの銀行が引き受けたことも語った。すると、シフは、自分が残りの500万ポンドを引き受けようと言い出したのである。

ジェイコブ・シフは1847年、ドイツのフランクフルトで、ラビ（ユダヤ教の司教）の家庭に生まれた。父親は、ラビであると同時にロスチャイルド銀行の重役でもあった。18歳のときに単身アメリカに渡り、投資銀行（日本でいう証券会社）に勤務した。

38歳のときに、アメリカ屈指の投資銀行クーン・ローブ商会の創業者ソロモン・ローブの娘と結婚し、同銀行の共同経営者となる。日露戦争当時は全米ユダヤ人協会の会長もしていた。

そのシフが、日本が発行した外債の半分を引き受けてくれるというのだ。

高橋是清は、シフの好意に感謝しながらも、なぜこのようなことをしてくれるのか、わけがわからなかった。

話を聞いてみると、当時のロシア帝政は、ユダヤ人を迫害していた。だから、日本と戦争をして国力が弱まれば、ロシア帝政は倒れる。そのために、日本に加担したいのだ、と述べた。

シフは、ロシアのユダヤ人迫害に対して、それをやめさせるように努力していた。各国に働きかけたり、ロシア政府自体に抗議をしたりもした。

またシフは、ロシア政府にお金を貸してもいた。お金を貸すので、ユダヤ人迫害をやめてくれ、ということである。しかし、ロシア政府は、ユダヤ人の迫害をやめなかった。そのため、日本に加担することにしたのだという。

シフの協力は、日本が日露戦争を続ける上でひじょうに役立った。日本政府はジェイコブ・シフに最大級の謝意を示し、日露戦争終戦の翌年、日本に招待した。シフは明治天皇に招かれ、旭日大綬章をもらっている。

●日本公債はなぜ売れたのか?

1904年5月、鴨緑江《おうりょっこう》で日露の陸軍同士の最初の激突があった。

この緒戦は、日本にとってひじょうに重い意味を持つものだった。

「最初の戦いに勝たないと勢いがつかない」

という戦争遂行上の意味ももちろんあった。

しかし、それ以上に戦費調達という面において重い意味があったのだ。

というのも、最初の戦いに勝たなければ、日本の公債の人気は上がらない。公債の人気が上がらなければ、戦費調達ができずに、たちまち戦争は行き詰まってしまう。だから日本軍は、「敵に優位に立つ」という以外に、戦費調達という意味においても、緒戦には絶対負けられなかったのだ。

この戦闘に参加した日本軍の兵は４万２５００。対するロシアは１万８８００。絶対に負けられなかった日本軍は、十分な兵力が動員されるのを待ち、満を持して攻撃を開始したのである。

日本軍は１９０４年2月8日、朝鮮半島の仁川から上陸した。

韓国内に駐留していたロシア軍はほとんど抵抗することなく撤退、日本軍は鴨緑江の手前の義州《ぎしゅう》まで進撃していた。鴨緑江は朝鮮半島の付け根の部分であり、これを越えれば満州である。当時の満州は、完全にロシアの勢力圏だった。

日本軍は兵力の補充を待って、5月1日に鴨緑江の渡河作戦を敢行した。趨勢《すうせい》はすぐに決し、日本の圧勝となった。同日には満州の要衝、九連城を占領、1週間後には同じく鳳凰城《ほうおうじょう》を占領した。

この戦勝によって、欧米での日本の人気はさらに高まり、高橋是清はようやく当初の予定の外債を消化できたのである。

鴨緑江の渡河作戦の成功により、イギリスとアメリカで発行された日本の公債は大人気となった。イギリス、アメリカともに申し込み者は予定の数倍に上り、発行銀行には行列が何十メートルもできた。

受付開始日の3時には、申し込みを締め切ったという。

その後、日本は日露戦争を通じて、陸軍、海軍ともほぼ戦勝状態が続いた。

小さな戦いでは敗北することもあったが、大きな会戦では常に互角以上の結果を出してきた。

そのため、日本の外債の人気が衰えることはなく、結果的に13億円という巨額の戦費を調達することができたのだ。

第4章

「版籍奉還」「四民平等」「鉄道建設」…伊藤博文の業績

●実は凄《すご》かった伊藤博文の業績

明治日本の改革において、もっとも功のあった人物は誰か？

もちろん、これは愚問であろう。

政治、経済、軍事などの諸々《もろもろ》の立場の人たちが、それぞれで賢明な判断をした積み重ねが、明治の大改革を生んだはずである。

しかし、愚問を承知であえてもっとも功のあった人物を選ぶとすれば、筆者は伊藤博文を推《お》すことになる。

伊藤博文というと、ハルビンで韓国人青年に暗殺されたことで印象に残っている方も多く、ネガティブなイメージを持たれがちである。

しかし伊藤博文ほど、ダイナミックに、また藩閥を超えて活動した政治家はいないといえる。

伊藤は、版籍奉還、廃藩置県、鉄道建設、岩倉視察団、憲法制定……等々、明治政府が行なった主な事柄のほとんどに、必ず中心人物として関与している。明治政府の改革の多くは、彼によって成されたものともいえるのだ。

伊藤が、これほどの功を上げることができた最大の要因は、わずか半年ではあるが幕末期にイギリスに留学していたからだといえる。明治の元勲の中では、唯一、幕末の時点で洋行を体験し、明治維新の段階ですでに欧米諸国に追いつくための具体的なプランをいくつも持っていたのである。

●松下村塾、英国留学、武装蜂起…波乱の青年時代

伊藤博文は、天保12（1841）年、長州藩の百姓の家に生まれ、父が足軽の家に養子に入った関係で、足軽に籍を持った。

短期間ではあるが、吉田松陰《よしだしょういん》の松下村塾に学び、松陰からも「周旋（政治）の才がある」として愛された。

文久3（1863）年5月、伊藤は長州藩の秘密留学生としてイギリスに渡った。このとき、イギリスに渡ったのは、井上馨ら5人である。

5人は、ロンドン大学ユニヴァーシティ・カレッジで数学、鉱物学、土木工学などを学んだ。もちろん、彼らは欧米の文明を自分の目で見ていた。

イギリスに来て半年経《た》ったとき、伊藤は寄宿先のイギリス人から大変なことを聞かされる。母藩である長州藩が下関において外国船に砲撃を開始した、というのである。長州藩は、かねてから「尊王攘夷」を掲《かか》げていた。尊王攘夷とは、「天皇を敬い、外国人を打ち払う」という、当時青年たちの間でもっとも流行していた思想である。長州藩は、その尊王攘夷を藩ぐるみで実行しはじめたのである。

伊藤ら5人は仰天した。彼らは、西洋文明に半年ほど接しており、「攘夷＝外国を追い払う」ことなどはとうてい不可能であることを知っていた。

「このままでは、長州藩は滅亡してしまう。いや、この事件を契機に日本全体が外国から食い物にされてしまうかもしれない」

そう思った伊藤たち5人のうち、3人はイギリスに残り、伊藤と井上馨は帰国して、藩に攘夷をやめさせる、ということになった。当時の長州藩は、尊王攘夷思想が沸騰しており、この思想を盲信する血気盛んな若者たちで溢《あふ》れていた。「攘夷をやめろ」などと言い出せば、ただちに暗殺されてしまうような雰囲気があった。

それでも、攘夷だけは絶対にやめさせなくてはならない。伊藤と井上は決死の覚悟で帰国したのである。しかし、この帰国が、後の伊藤の運命を大きく変えた。というより、この行動が、伊藤を明治の元勲にしたといえる。

長州に帰国しても、伊藤らは長州藩の攘夷をやめさせることはできなかった。すでに藩全体が攘夷に傾いており、誰も止められなかったのだ。しかし、この年（１８６４）の８月にイギリス、フランス、アメリカ、オランダの４カ国の艦隊が、長州に襲来し、下関に砲撃を開始した。長州藩の防備はもろくも破られ、上陸部隊によって砲台が占領された。

長州藩側は、講和のために高杉晋作《たかすぎしんさく》を代表とし、伊藤、井上らを通訳とした交渉団を４カ国艦隊に派遣した。このとき、伊藤は、イギリス人通訳のアーネスト・サトウと素早く懇意になり、交渉を有利に進めた。伊藤はわずか半年の留学期間ながら、英語での意思疎通はできるようになっていた。また彼は、元来の社交性があり、外国人とすぐに仲良くなれたのである。

当時、長州藩は、京都の政変により朝敵《ちょうてき》とされ、幕府から討伐令まで出された。そのため、長州藩は、幕府に恭順《きょうじゅん》の意《い》を示すために尊王攘夷派を一掃し、守旧派が実権を握った。

伊藤や井上らは、「攘夷」は不可能だとしても、江戸時代の「幕藩体制」は改革し、天皇を中心とした強力な統一国家を作らなければならないと考えていた。だから、長州藩が守旧派に握られたことについては、ひじょうに歯がゆい思いをしていたのである。

しかしその直後、高杉晋作が手持ちの兵わずか80人を率いて挙兵した。

高杉晋作は、身分を問わない軍「奇兵隊」を創設していたが、その奇兵隊の連中さえ、高杉の挙兵を危《あや》ぶみ、その多くは様子見をして動かなかった。当時、奇兵隊の総督をしていた山縣有朋も、当初は、様子見をしていたのである。

そんな中、伊藤博文は手勢の「力士隊」を連れて、最初から高杉の挙兵に参加した。

このあたりの思い切りの良さが、伊藤博文の持ち味でもあり、彼が出世した最大の要因でもある。挙兵は成功し、高杉らが長州藩の実権を握ることになった。

その後、長州藩は薩摩と手を組み、明治維新に大きな役割を果たしたことは、ご存じのとおりである。

●世間を騒然とさせた建白書「神戸論」とは？

伊藤博文は、明治維新直後の慶応４（１８６８）年5月、兵庫県知事に任命された。このときわずか26歳である。兵庫県には、外国との窓口となっていた神戸港がある。英語ができて外国人との交渉も可能、しかも長州閥ということで、この抜擢となったのである。

兵庫時代の伊藤博文は、明治維新の大きな改革の契機を作る。「四民平等」を政府に提言したのである。

明治維新では、「四民平等」「職業選択の自由」という政策が採《と》られた。この「四民平等」「職業選択の自由」というのは、これ以上ないというほどの大きな経済改革だといえる。

江戸時代の日本人というのは、身分が明確に区分けされ、職業も固定されていた。原則として、誰もが生家の身分に置かれ、生家の職業に就《つ》かなければならなかった。これは、ひじょうに不自由な制度ではあったが、それなりに安定した社会制度ともなっていた。新規参入がないため、どこの業界でも競争が生じにくい、自分の与えられた仕事をまっとうしていれば、それなりに暮らしていけたのである。

その身分職業固定制度を破壊し、自由を与える。その代わりに競争の原理も働く。これ以上ない「規制緩和」だったといえるだろう。

明治以降、商工業が急速に発展したのも、この「四民平等」「職業選択の自由」の影響はひじょうに大きいといえる。

景気の悪い分野から景気のいい分野に人員がシフトすることで、資本主義経済というのは発展していく。農業で余った人員、農業では食っていけなくなった人員が、商工業にシフトしてくることで、商工業の拡大が可能になったのである。

もし職業が固定されたままであれば、工業化を図ろうにも、人員の確保が難しいはずである。

それにしても、この「四民平等」「職業選択の自由」の政策というのは、誰が打ち出したものだろうか？

江戸時代というのは、３００年近くも続いた社会であり、身分制度はそれ以上に長い歴史があるのだ。身分制度は、当時の日本社会の中では、ごく当然のこととして存在したものであり、身分制度を打ち崩すなどという発想はなかなか出てこないものと思われる。

「四民平等」「職業選択の自由」を最初に、正式に政府に提言したのは、伊藤博文らとされている。

明治２（１８６９）年の正月、伊藤博文は、陸奥宗光らと連名で「国是綱目」という建白書を提出した。

この建白書の主な内容は次のとおりである。

・天皇と臣民による国家を作る
・外国の文明を採り入れる
・全国の軍事権、統治権を朝廷に返還させ、朝廷による中央集権政治を行なう
・外国とは、信義をもって広く交際し外国人への危害などは加えない（外国排撃の禁止）

・国民に対して自在自由の権を与え、身分制度もなくす。国民に職業の自由と、居住の自由を与える
・教育制度を整え、身分を問わず教育を受けさせる
この建白書は「兵庫論」と呼ばれ、政府内や世間に衝撃を与えた。

当時、陸奥宗光、中島信行《なかじまのぶゆき》ら建白書の連名者も兵庫近辺で官職に就いており、伊藤らと頻繁に会合し、新しい日本を作るための方針を議論していた。四民平等もその中から出てきた考え方である。そして兵庫にいた若手官僚らが作った建白書なので、「兵庫論」と呼ばれるようになったのだ。

現代人の目から見れば、「近代国家を作るには、このくらいのことをするべきだろう」という印象になるだろう。しかし当時の人々にとって、「人々を自在自由にする」「身分制度を廃止する」などということは、驚天動地《きょうてんどうち》のことだった。

この建白書に反対する人も数多くいた。当時、伊藤博文は、守旧派の一部につけ狙われ、岩倉具視から隠忍するように忠告されているのだ。伊藤博文は、世間を刺激しないよう、明治2（1869）年4月には、判事（副知事クラス）に降格させられてい

るのである。

が、明治新政府は、結果的にこの建白書をほぼ全面的に実行している。それが、明治維新のダイナミクスにつながったのである。

●四民平等の完成

明治維新の大きな社会改革として「四民平等」がある。

しかし、実は明治新政府は、改まって「四民平等令」などを出したことはないのである。

明治新政府は、維新直後に戸籍を作った。この戸籍には、華族、士族、平民の三族の区分しか設定されていなかった。つまり「農工商」をすべて「平民」として取り扱ったため、事実上、「農工商は平等」ということになったのだ。

ただ農工商の以外の「賤民」という身分制度については、まだ残されていた。それを明治4（1871）年8月に、賤民廃止令によって廃止したのである。

これまで、「農」「工」「商」「被差別民」として分けられていた身分制度の区分けを取っ払ってしまうということである。

この賤民廃止令により、四民平等の思想が完結したといえる。

明治2（1869）年に、民部省は「戸籍法」の原案を作っていた。これは、明治4（1871）年に公布された戸籍法のたたき台となったものである。この戸籍法を検討する過程で「穢多非人等の称を廃して平民の籍に編入すべき」という方向が打ち出されたのである。

戸籍法関係の検討を行なっていたのは、渋沢栄一と旧土佐藩の岡本健三郎《おかもとけんざぶろう》だとされている。

●国家改造プロジェクト「民部省改正掛」とは？

明治2（1869）年、伊藤は大蔵省と民部省を兼任した少輔（次官クラス）となる。

この大蔵省と民部省には、両省にまたがる「民部省改正掛」という組織があった。

この「民部省改正掛」こそは、明治初期の日本の大改革を進めたプロジェクトチームなのである。

そして、「民部省改正掛」の中心にいたのが、伊藤博文とあの大隈重信なのだ。

大隈重信は、天保９（１８３８）年、佐賀藩の上級武士の家に生まれ、幼くして藩校弘道館《こうどうかん》に入るなど秀才だったが、藩校の改革運動を行なうなど反骨漢でもあった。蘭学を修め、幕末に佐賀藩英語教師として招かれたイギリス人グイド・フルベッキに、直接、英語などの教えを受けている。慶応３（１８６７）年に脱藩し大政奉還運動に加わろうとしたが、藩に捕縛され謹慎させられているうちに明治維新が起きる。

維新後薩摩藩の小松帯刀《こまつたてわき》の推薦で、外国事務局判事を任命される。外国事務局判事は、けっして政府の中枢と言える職ではなかったが、贋金問題やキリスト教の禁止問題など、当時、重大な国際問題となっていた事項を、手際よく裁き、それが評価され、明治３（１８７０）年には参議（内閣の閣僚のようなもの）に取り立てられる。

伊藤や大隈にとって、明治新政府の改革の歩みは、苛立《いらだ》たしいほど遅いものだった。明治中期以降は、日本の政治を牛耳《ぎゅうじ》ることになる伊藤と大隈だが、当時はまだ若造扱いであり、彼らの意見はなかなか通らなかった。

この二人は、明治初期には盟友ともいえる存在だった。

後に大隈は立憲改進党を、伊藤は立憲政友会を率いて、帝国議会で火花を散らすことになるが、当時はもっとも理解しあえる存在だった。欧米のことをひじょうによく知る二人は、掛け声ばかりで欧米のなんたるかを知らない参議たちに苛立ちを募《つの》らせていた。

そんな中、二人は大蔵省と民部省の事務方の実質的なトップになった。そして、二人で協力して、「民部省改正掛」というプロジェクトチームを起《た》ち上げたのだ。「民部省改正掛」には、野《や》に下る前の渋沢栄一や、後に郵便の父と言われた前島 密《まえじまひそか》など、薩長、幕臣にかかわらず当世一流の才能が集められた。

民部省改正掛は、実際の活動期間はわずか2年ちょっとだが、その短い間に目覚ましい働きをした。「四民平等」「廃藩置県」「地租改正」「鉄道建設」「郵便制度」「会社の設立」など、明治の重要な改革を主導したのは、この〝民部省改正掛〟である。

●「民部省改正掛」の誕生

渋沢栄一は、明治２（１８６９）年11月に大蔵省租税正に任命された。当時、大隈重信が会計官副知事をしており、事実上の大蔵省のトップだった。

しかし渋沢は、大蔵省に入るなり失望した。日本は、大改革をしなければ、欧米諸国にとうてい追いつかないのに、大蔵省の官僚たちは日々の雑務に追われている。これでは「日本を一新すること」など、どだいできそうもない。

そこで、渋沢は、大隈に次のような提案をする。

「省中はただ雑沓を極むるのみで長官も属吏もその日の用におわれて、何の考えもする間もなく、一日を送って夕方になれば、サア退庁という姿である。この際、大規模を立てて真正に事務の改進を謀るには、第一その組織を設くるのが必要で、これらの調査にも有為の人才を集めてその研究をせねばならぬから、今、省中に一部の新局を設けて、おおよそ旧制を改革せんとする事、または新たに施設せんとする方法、例規等はすべてこの局の調査を経て、その上ときのよろしきに従ってこれを

実施するという順序にせられたい」（『雨夜譚』渋沢栄一著より筆者が一部現代語訳）

つまり、渋沢は、このままでは遅々として進まないので、国家改革を専門に研究する機関を作り、国家の重要な改革はすべてその機関の研究を経《へ》て行なうべし、と提案しているのである。

大隈はその提案を受け入れ、渋沢が入省したその月（明治2年10月）のうちに、民部省の中に「改正掛」という部署を設けるよう太政官（政府）に働きかけた。

太政官でも特に反対する理由はなくすぐに承認され〝民部省改正掛〟が誕生した。

この民部省改正掛こそが、明治初期の日本の大改革を主導することになるのだ。

●渋沢栄一、前島密、杉浦愛蔵…民部省改正掛の新鋭官僚たち

民部省というのは、明治2（1869）年7月に作られた国内行政全般を司《つかさど》る省である。現在で言うならば、厚生労働省、総務省、経済産業省を合わせたような、巨大な権力を持った省庁だった。

しかも、この民部省は、創設された1カ月後には、大蔵省と合併された。合併といっても、大蔵省、民部省とも省自体はそれぞれ存在するが、省内の官僚が両省を兼ねるようになったのである。つまり、二つの省庁を、一つの人員で切り盛りしていたという感じである。

渋沢栄一も、大蔵省の租税正でありながら、民部省改正掛に入ったのである。

民部省は、「民部大蔵省」とも言われ、外務、司法以外のほとんどの国家権力を掌握するような巨大な官庁だった。

そして、その民部省の中でも、司令部ともいえる存在が民部省改正掛だったのだ。

渋沢栄一は、改正掛の業務について、次のように語っている。

「何しろ改正掛の仕事は非常に範囲が広く、全国測量の事、度量衡の改正、租税の改正、駅逓《えきてい》法の改良を初めとして、貨幣制度の調査、禄制改革、鉄道敷設案、諸官庁の建築等まで悉《ことごと》く改正掛の仕事であるから、討論審議に際しては種々なる議論も出て、一つの基礎案を作る迄《まで》には相当の時日を要したが、これらの用務に関しては総て詳細に調査をなし、施設の具体案から着手の順序、経費の支弁方法までつぶさにしたためてその筋へ建議したのであるから、大蔵省の事務は改正掛が設けられてからにわかに大繁忙を来たすようになった」（『渋沢栄一・雨夜譚』渋沢栄一著・日本図書センター）

民部省改正掛のメンバーには、官軍側、反官軍側などを問わず、有能な士が集められた。

渋沢栄一は、改正掛の人材について次のように語っている。

「さて大蔵省内に改正掛を設くる事になり、租税司、監督司、駅逓司等からそれぞれ係員を任命されたが、私はその改正局の係長を命ぜられる事となった。そこで私はこの重任を完うするには、改正掛に有為の人材を集めなければならぬと考え、大隈大輔と相談をして、前島密、杉浦愛蔵、その他の人々を登用し、なお洋書の読める人、文筆を好くする人、或種の専門知識を有する人等を推薦し、都合十二、三人

で改正の事務に当たった」（『渋沢栄一・雨夜譚』渋沢栄一著・日本図書センター）

前島密は、越後の富農出身ながら蘭学、英語などを修め、幕末の薩摩藩の開明所の講師などを務めた。将来を見込まれ、幕臣の前島家の養子となり、幕臣として明治維新を迎えている。農家出身で旧幕臣なのは、渋沢とまったく同じであり、渋沢もシンパシーを持っていたと思われる。そのために、スカウトしたのだろう。

杉浦愛蔵は、幕臣の家に生まれ、19歳で幕府学問所の助教授になるなど秀才の誉《ほま》れ高く、文久年間のウィーン万博、慶応３（１８６７）年のパリ万博の幕府代表団に加わっている。渋沢とは、パリ万博で一緒に欧州を見て回った仲である。

図版13のように、出身母体を見ると旧幕臣がもっとも多い。これは渋沢の意向が強く働いているともいえるが、幕臣でも、有能な者はどんどん採用したということだろう。そして、明治維新の重要な改革は、実は幕臣の手によってなされたものだということである。

改正掛は、それが本職ということではなく、それぞれが大蔵省や民部省で職務を持ち、兼任で改正掛に入るという形になっている。

この図版13のメンバーだけでなく、長州の伊藤博文、井上馨、土佐の陸奥宗光、岡本健三郎なども、改正掛に深く関わったという。

岡本健三郎というのは、土佐藩の下級官僚出身で、幕末には、坂本龍馬の海援隊の世話係のようなことをし、坂本龍馬の片腕的な存在だった。大政奉還のときにも、龍馬とともに京都に赴《おもむ》いている人物である。

改正掛の座長には、渋沢栄一が命じられた。が、メンバーの間では、尊卑の別を置かずに、自由に発言できた。

渋沢栄一によると、「血気盛んな人たちが、自分が研究したり、見聞きしたことを集まって議論するのだから、時には喧嘩と間違えられるような議論もあった。でもみな気心を知ったものばかりなので、遠慮会釈の無い書生付き合いをし、思い切った討論ができたので、実に愉快だった」ということである。

この民部省改正掛で、研究、議論して出した結論を、大隈重信や伊藤博文などが、政府に提案するという形をとった。

〈図版13〉民部省改正掛のメンバー（明治3年2月時点）

氏名	官職	出身
大隈重信	民部大輔兼大蔵大輔	佐賀
坂本三郎	民部少丞兼大蔵少丞	幕臣
玉乃世履	大蔵少丞兼民部少丞	長府
渋沢栄一	租税正	幕臣
肥田浜五郎	土木権正	幕臣
前島密	民部省出仕	幕臣
古沢迂郎	民部省出仕	土佐
江口純三郎	民部大録兼大蔵大録	佐賀
長岡敦美	民部少録兼大蔵少録	土佐
佐藤与之助	民部省出仕	幕臣
杉浦愛蔵	民部省出仕	幕臣
吉武功成	土木権大佑	蓮池
橋本重賢	監督権大佑	彦根

（「地租改正法の起源」丹羽邦男著・ミネルヴァ書房より著者が抽出）

●伊藤と若手官僚らが熱く議論した〝築地梁山泊〟

またこの民部省改正掛と似たようなものとして、〝築地梁山泊〟なるものもあった。

この時期、大隈重信と伊藤博文は築地に住んでいた。

大隈と伊藤はたびたび居宅を行き来して、「新生日本」について議論した。

また伊藤博文の盟友である井上馨や、民部省改正掛の面々、薩摩藩の五代友厚《ごだいともあつ》なども築地の周辺に住んだり、大隈邸に出入りするなどして、新生日本を語り合った。

そのため、この大隈重信邸を中心とした築地の集まりは、築地梁山泊と言われたのである。

当時、年長格の大隈重信で32、3歳である。伊藤博文、渋沢栄一が30になるかならないか、というところである。皆、ひじょうに若い。今の社会の感覚でいうならば、まだ若造というところである。その彼らが、「明日の日本を背負う」という気概のもとに結集し、夜な夜な語り合っていたのである。おそらく、彼らにとっても、日本にとっても「熱い日々」だったに違いない。

この築地梁山泊のメンバーと、民部省改正掛のメンバーはリンクしている部分が多かった。築地梁山泊で議論されたことが、そのまま民部省改正掛の主題として取り扱われることも少なくなかったようである。

渋沢栄一は、この当時の大隈邸のことを次のように語っている。


「大隈邸は『築地の梁山泊』といえば何人も知らないものが無い程有名になった。この築地の梁山泊こそ、わが国立銀行制度や、最初の鉄道建設の策源地である」

(『渋沢栄一・雨夜譚』渋沢栄一著・日本図書センター)

●鉄道建設を猛烈に推進する

前述したように明治新政府は、維新からわずか5年後の明治5（1872）年に、新橋～横浜間に鉄道を開通させている。

この鉄道の開通は、日本の近代化を大きく前進させた。鉄道の建設で物流が活発化し、国内産業は発展、それは輸出増にもつながった。また何より、鉄道という最先端の文明に触れることで、人々に文明開化とはどんなものか、ということを具体的に提示することになった。

この鉄道建設にも、民部省改正掛が大きく関与している。鉄道の建設は、民部省改正掛の面々の旗振りによって実現したといってもいい。

鉄道の建設は、すんなりいったわけではない。当初は、政府内部でも、鉄道建設は賛否両論だったのである。

明治維新当時、すでに外国を見聞してきた者は、けっこういた。幕府はアメリカに行った咸臨丸《かんりんまる》など、欧米に幾度も要人を派遣している。改正掛の渋沢栄一をはじめ勝海舟、福澤諭吉なども、幕末にすでに欧米を見て回っているのだ。

薩摩や長州などは、幕府の目を盗んで、留学生を送り出しているし、その中には、前述したように伊藤博文もいた。また幕府や薩摩藩は万国博覧会に出展したりもしている。そういう欧米帰りの連中にとって、「文明開化」をするにはまず鉄道建設ということだった。

しかし、新政府の中枢にいた大久保利通、西郷隆盛、木戸孝允らは、鉄道の凄《すご》さを肌身で知っているわけではない。しかも、鉄道建設には莫大な費用がかかる。なので、彼らは鉄道建設を積極的に行なおうとはしなかった。

しかし、洋行帰りの者たちにとって、鉄道建設は不可欠な事項だった。

そのため伊藤博文が、明治2（1869）年11月、鉄道建設の建白書を提出し、その建設を強固に働きかけたのだ。それが鉄道建設の大きな契機になった。この建白書などにより、鉄道建設が決定したのである。

また鉄道建設は、計画の途中でもたびたび反対の意見が出た。そのため、伊藤博文ら民部省改正掛は、「鉄道建設反対」に対する反論の建議を行なっている。

明治3（1870）年3月に出された「電信機・蒸気車ヲ興造ス可」というのが、

それである。

この「電信機・蒸気車ヲ興造ス可」の要約は次のとおりである。

「電信や鉄道は国が富んでから建設するものではない、国を富ませるために建設するものだ。現在、日本の物流は人馬や和船に頼るしかないが、鉄道を建設すれば、素早く割安で物の長距離輸送ができる。鉄道建設の官民におけるメリットは、計り知れない」

この「電信機・蒸気車ヲ興造ス可」が効いたのか、鉄道建設はどうにか継続され、明治5（1872）年に開通したのである。

また民部省改正掛は、鉄道建設だけではなく郵便制度の設立にも大きな役割を果たしている。

当時は、江戸時代から続く宿駅制度があったが、これは莫大なコストがかかる上に、街道沿いの住民に多大な労力を強《し》いるものだった。街道沿いの住民は、使役として宿駅業務を行なわなければならなかったからだ。だから電信や郵便制度を整えれば、コストは大幅に削減され、住民の負担も減る。

そのため民部省改正掛は、郵便制度の設立も新政府に強く働きかけた。そして、民部省改正掛のメンバーである前島密が、この作業を担《にな》うことになった。前島は、明治3（1870）年に、郵便制度設立のためイギリス視察を命じられ、翌年に帰国して駅逓頭（郵政事務次官のような地位）となり、日本の近代郵便制度の基礎を築いたのだ。

●日本を近代化に導いた「岩倉使節団」とは？

明治新政府は、明治4（1871）年の末から2年近くにわたり、政府の首脳を構成員として大使節団を欧米に派遣した。

いわゆる岩倉使節団である。

近代日本の建設に大きな影響を与えたこの岩倉使節団にも、伊藤博文は参加している。

岩倉使節団が出発した明治4（1871）年というのは、明治維新が起きたばかりである。

戊辰戦争が最終的に片付いたのは、このわずか2年前である。政府はまだ基盤がまったく固まっていないし、国中が混乱していた時期である。

そんな中で、政府の中枢がごっそりと国を空《あ》けて、長期間の視察旅行にでかけたのである。その大胆さは、驚嘆である。逆にいえば、明治新政府はそれほど欧米の新知識を必要としていたのだ。

この岩倉使節団を最初に発案したのは、岩倉具視自身だとされている。彼は明治維新の10年前の安政５（１８５８）年、孝明天皇に「欧米諸国に調査団を派遣すべき」という建言書を提出しているのだ。

岩倉具視に限らず、外国の文明を自分の目で見てみたい、と思う者は大勢いた。かの吉田松陰も、黒船に密航しようとして捕縛されており、幕府や諸藩からも留学や密航をした者は大勢いた。何度も触れたように伊藤博文も幕末にイギリスに留学しているのである。

なにか新しいもの、変わったものがあるとき、自分の目で見てみたいと強く思うのは、日本人の性《さが》なのかもしれない。こういう現象は、他のアジア諸国ではあまり見られないものである。

岩倉具視の献策は、明治になって岩倉使節団として実現することになる。

岩倉使節団は、特命全権大使として右大臣の岩倉具視、副使として長州の木戸孝允、薩摩の大久保利通、他に長州の伊藤博文、山田顕義《あきよし》、土佐の佐々木高行《ささきたかゆき》ら全部で46名だった。

この使節団に参加したのは、薩長に限った者ではなく、旧幕臣も多く参加していた。藩閥などを超えた国家的プロジェクトだったのである。またこの使節団には、留学生として派遣される青少年43名も同行していた。随行員を合わせると総勢107名にも及ぶ大使節団だった。

岩倉使節団は、船出から2週間後にサンフランシスコに到着した。それから大陸横断鉄道で首都ワシントンに赴《おもむ》き、グラント大統領に謁見した。アメリカを皮切りに、イギリス、フランス、ベルギー、オランダ、ドイツなどを訪問した。

この岩倉使節団には、大きく二つの目的があった。

一つは、不平等条約の改正のためのデモンストレーションである。日本には近代的な国家ができたことをアピールし、これまで結ばれていた欧米との不平等条約を改正しようというわけである。

そしてもう一つが、欧米の新技術の視察である。

一つ目の目的は、達することはできなかった。一行はアメリカで大歓迎を受けたので、その勢いで条約改正もなるかも、ということで、急いで天皇の全権委任状を取り寄せた。しかしアメリカは、その国民性から歓迎の意を表しただけで、条約を改正するつもりはまったくなかった。欧州各国でも、同様だったのだ。

しかし、もう一つの目的は、立派に果たしたといえる。

一行は、アメリカのホテルでは、吹き抜けの螺旋《らせん》階段やエレベーターに度肝を抜かれ、イギリス・リバプールの造船所、グラスゴーの製鉄所などを見て、その巨大さに驚嘆した。造船所や製鉄所はすべて石炭エネルギーで稼働しており、そのため黒煙が天を覆うように吹き上げていた。

国中が鉄道と舗装された道路で結ばれている。上水道、下水道の整備された町並み。これらに衝撃を受けた一行は、帰国後、精力的に殖産興業政策を推し進めることになった。

第5章

日本銀行…世界に負けない金融システムの構築

●近代的な金融システムを作れ！

日清日露戦争の戦費を賄《まかな》うためには、経済を発展させなければならない。

しかし、経済発展の大前提として、「世界に通用する安定した金融システムの構築」という大きな課題があった。

安定した経済社会を作るためには、まず第一に安定した金融システムが必要となる。

安定した金融システムを作る、ということは、ひじょうに難しい。

現在でも、安定した金融システムを構築することが、なかなか難しいことは、リーマンショック、バブル崩壊などで我々もよく知っているところである。

その難しい作業を、明治新政府はやらなければならなかったのである。

明治政府発足当時の日本は、近代的な金融システムなど持っていなかった。

江戸時代の金融システムは、国内ではそれなりに機能していた。しかしそれは国際情勢の荒波から隔離されていたからこそ、通用してきたものだった。

いざ開国し、欧米列強と付き合わなければならなくなると、金融システムの不備は際立《きわだ》っていた。

たとえば幕末の日本では、金銀の交換比率が国際相場と違っていたために、金が国外に大量に流出する事態が起きた。

この「金の大量流出事件」の顚末《てんまつ》はこうである。

当時、日本では金１に対して銀５で交換されていたが、欧米では金１に対して銀15で交換されていたのである。

つまり欧米諸国では、日本より金が高い価値を持っていたのである。

この交換比率の違いに目をつけた外国商人たちは、濡れ手に粟で、日本の金を入手するようになった。

自国から銀を買ってきて、日本で金の小判と交換し、その小判を中国に輸出する。たったそれだけの作業で、１００％から２００％もの利益を上げることができたのだ。

外国商人は、日本の金銀の公定比率で交換しているだけである。だから、日本国内の商人たちにとって損はない。

しかし金を無駄に流出させれば、日本の世界貿易における購買力が減少してしまう。

当時、欧米では、イギリスが金本位制を採《と》り入れ、他の諸国もそれに追随しようとしていた。金こそが、「貨幣価値の基準」になろうとしていたのだ。金をより多く保有した者が、「金持ち国」ということになる。

国際的に価値のある金が大量に流出することは、「国際経済の中での日本」という立場においてはひじょうに損だったのである。

幕府の官僚たちも、やがてこのことに気づいたが、後の祭りだった。

通商条約を締結したとき、欧米諸国と日本は「金銀は日本の交換比率で行なう」ということを決めていたのだ。だから、欧米諸国は、日本の交換比率の改定になかなか応じなかったのだ。

幕府は貨幣の改鋳をすることによって、ようやく金の流出を防いだ。そのときすでに100万両に及ぶ金がこの時期に流出していたともいわれている。

そもそもの原因は、日本の金融システムが、世界に通用する仕様になっていないことだった。

だから明治新政府にとって、国際経済に通用する近代的な金融システムを整えるのが、急務だったのである。

●戊辰戦争の戦費を調達した由利公正

明治新政府の金融システムづくりを最初に担《にな》ったのは、元福井藩士の由利公正《ゆりきみまさ》である。

由利公正は、幕末の越前藩で財政を担当し、財政再建に大きな功績があった。

幕末の越前藩は、多くの諸藩と同様、財政赤字に苦しんでいた。そんな時期に財政責任者になった由利公正は、農民や商工人たちに生産資金が不足しているということを見抜き、藩札５万両を発行し生産者に生産資金を貸し付けた。

そして生産者の生産性が上がったところで、藩が生産物を独占的に買い取った。藩は長崎をはじめとした通商ルートを開拓し、生糸、茶、麻などを海外に売り、海外から金銀貨幣を獲得した。彼が、財政を担当して２、３年で藩財政はみるみるうちに回復したのだ。

この由利公正の財政に関する手腕に、かの坂本龍馬がほれ込み、大政奉還の直後、新政府に彼を推薦したのである。薩長同盟や大政奉還で、重要な役割を果たした龍馬は、新政府の人事にも強い発言力を持っていたのだ。

新政府発足後、由利公正は、さっそく財務の責任者として招聘《しょうへい》された。

鳥羽伏見の戦いの直後、新政府は戊辰戦争の軍費に関する太政官会議を行なったが、このとき由利公正も参加していた。

この会議で、長州藩の広沢真臣《ひろさわさねおみ》は「2〜300０両もあれば大丈夫だろう」と発言した。それを聞いた由利公正は、「そんなものではとても足りない。300万両は必要」と返答した。

そして由利公正は公債を発行し、商人に買い取らせることで、300万両を調達しようとした。つまりは、商人に軍資金を借りようとしたわけである。

慶応4年（1868年）1月29日、二条城《にじょう》の大広間に大坂、京都の商人130人が集められ、「300万両を拠出してほしい」という太政官からの通達が発せられた。

３００万両という巨額、しかもまだ明治新政府の信用もあまりなかったので、商人たちは拠出をしぶった。

そんな中、積極的に拠出の協力をしたのは、三井だった。

三井は、明治新政府がこの国の新しい支配者になることを見抜き、恩を売っておこうとしたわけである。この狙いは的中し、三井家は政商としてのし上がっていく。

新政府は大富豪だけでは無理だと見るや、中小の商人にも声をかけるなど、あの手この手で、拠出金をかき集めた。

明治２（１８６９）年の段階で、それは２６７万両に達した。ほぼ目標は達せられたといえる。この拠出金があったからこそ、官軍は江戸や会津、函館までも遠征することができたのである。

●急激なインフレを招いた「太政官札」とは？

由利公正は、戊辰戦争の戦費集めこそなんとか成功させたが、その後の財政運営はうまくいかなかった。

由利は、幕末に海外に行った経験があるわけではなく、特別に欧米事情に詳しいわけでもなかった。もちろん近代的な金融システムを知っているわけではない。そのため由利は、自分が藩官僚時代に行なった金融政策をそのまま踏襲しようとしたのである。

由利は、まず明治新政府の財政欠乏を解消するため「太政官札」の発行を行なった。

この太政官札を諸藩（まだ廃藩置県されていなかった）や商人に貸し付けて産業を発展させ、その貸付金の利潤で財政を潤《うるお》わせる、という寸法だった。彼が福井藩でやったのと同じことを、国家規模で行なおうとしたのである。

しかし、この太政官札には、当時の金融システムとしては禁じ手だった手法を使っていた。太政官札は、金や銀などと兌換《だかん》されない紙幣「不換紙幣」だったのである。

いや、この太政官札は、いちおう、「正金と兌換する予定」の紙幣だった。

太政官札は、「正金が蓄積されれば兌換に応じる」ということになっていた。

しかし、新政府には、現在のところ正金の蓄積はほとんどなく、いつ兌換するのか、ということもまったく決まっていなかったので、事実上は「不換紙幣」だったのだ。

現在でこそ、金銀と兌換しない紙幣というのは、ごく当たり前となっているが、当時としては大冒険だった。

中世から近代の通貨というのは、金銀銅などの貴金属の価値と結び付けられていたものがほとんどだった。

たとえば江戸時代でも藩札などの紙幣も発行されていたが、そのほとんどは金銀の兌換の裏づけがあるものだった。

つまり、江戸時代までの紙幣というのは、金の引換券のようなものだった。というより、１９７１年のニクソン・ショックまでは、近代の通貨というのは、貴金属の裏づけがあって成立していたものなのである。

しかし由利の発行した「太政官札」は、貴金属の裏づけがない紙幣だったのだ。

金銀と兌換できない紙幣というのは、見方によっては単なる紙切れに過ぎないものである。それを無理やり通貨として流通させようとしたのだ。

現代の貨幣システムでは、世界中のほとんどの紙幣は金銀との兌換はされない「不換紙幣」だが、それは1971年のニクソン・ショック時に、アメリカがドルと金との兌換を停止して以降に広まったことなのである。しかし、現在の世界各国の不換紙幣も、純然たる不換紙幣ではない。中央銀行が金銀などの貴金属を大量に保管するなどして、信用を担保しているのだ。

太政官札は、そういう裏づけがほとんどない、事実上の不換紙幣だったのである。

●「太政官札」を強制的に諸藩に貸し付ける

明治元(1868)年の段階で、由利の考案した太政官札は2400万両も発行された。

明治新政府は、この太政官札を由利の計画のとおりに殖産興業資金として諸藩に貸し付けた。

貸付額は一万石につき、1万両を強制的に割り当てた。

これは元本に3割の利子をつけて、13年賦で返済するというものだった。

つまり1万両を借りた場合、1年あたり1000両ずつ返済し、13年で返済額は1万3000両になる、ということだ。

当時、全国で3000万石とされていたので、諸藩への貸付は概算で3000万両ということになる。想定通りにいけば、13年後には3900万両が返済されてくる。

新政府は、900万両もの利潤を得るのである。戊辰戦争時に、商人に強引に融資させた300万両も軽く返済できる。そして、その残額で正貨を準備し、太政官札と正貨との兌換に応じようということである。

このやり方がうまくいけば、安定した金融システムを構築できるはずだった。

しかし、諸藩は、3割もの利子を払わなければならないお金を、そうそう借りたがらず、辞退する藩も多かった。が、政府は無理やり貸し付けた。

また太政官札は藩だけではなく、商人にも貸し付けられた。

これは「勧業貸」と言われるもので、産業発展のための融資ということだった。ただ、この場合、担保として「御用金調達証文」をとるケースが多かった。「御用金調達証文」というのは、戊辰戦争などの際、新政府が商人から徴収した御用金（後に返済するという建前だった）の証文である。

つまり、新政府は戊辰戦争での商人からの借金を、太政官札で返したようなものだった。新政府としては、御用金を返す金はないので、太政官札を刷《す》って返したということである。こうすることで、太政官札を市中に流通させることにもなる。

新政府としては一石二鳥のアイディアということだった。

この勧業貸の総額は１０００万両に及んだ。

●想定通りにいかなかった「太政官札」

太政官札の発行額は最終的に６５００万両に上った。

本来、太政官札は、産業育成のための貸付に充《あ》てられるはずだった。

しかし新政府は物入りが続き、太政官札を発行しても、それは経費の支払いに充てられるばかりだった。太政官札のうち２５００万両が、明治初年の政府の歳入に組み入れられたのである。

また諸藩に貸し付けた太政官札も、似たような経緯となった。諸藩は、どこも財政が火の車だったので、借りたお金をそのまま戊辰戦争の軍費の支払いに充ててしまったのだ。諸藩に貸し付けた太政官札は、藩の経費に使用するのは禁じられていたが、ほとんどの藩はその禁を破った。金がないときは、背に腹は代えられないのである。

しかも、困ったことに、この太政官札は通貨として信用されずに、なかなか市場に流通しなかった。

太政官札は不換紙幣である上に、発行する政府に信用がないのだから、なかなか流通するものではない。

そのため、国民は、信用のない太政官札を持っていても不安なので、太政官札を入手するとすぐに金目のものに換えようとする。

たとえば駿府藩では、渋沢栄一の提言で、政府から貸し付けられた太政官札はすぐに金に換えられている。当時、渋沢栄一は、まだ新政府に出仕要請が来る前で駿府藩の経済顧問のようなことをしていたのだ。

もちろん、諸藩にそういうことをされるとますます太政官札は流通しない。

当初から太政官札の実勢価値は、額面の価値よりもかなり下回っていた。明治初年ころは、正金１００両に対し、太政官札は１２０両が等価とされていたのだ。政府は、太政官札について正貨と同額の流通を強制したが、効果はなかった。

そしてついに政府は、明治元（１８６８）年の12月に太政官札の時価通用を公式に認め「太政官札１２０両を正貨１００両とする」と公示した。等価を強制すれば、ますます流通しなくなったからである。

また由利は、太政官札を諸藩に貸し付けて産業を発展させ、その生産物を政府が一手に買い付け、その利益で財政基盤を確立しようと画策していた。つまり、貿易を政府が一元管理し、貿易による利益を独占しようと考えていたのだ。そのために、商法司という機関も作っていた。

しかし、これは外国からの強い反対があり、また諸藩や日本の商人たちも自由な貿易を望んだので、実現しなかった。

つまり、由利の目論見《もくろみ》はことごとくはずれてしまったのだ。

その責任を取らされる形で、明治２（１８６９）年2月に由利は辞職している。

しかし、由利には同情すべき点も多々ある。

〈図版14〉太政官札の使途内訳

財政赤字への補填	約2500万両
諸藩、府県（朝廷直轄領）への貸付	約3000万両
商人への貸付	約1000万両
合計	約6500万両

（「明治財政の基礎的研究」沢田章著・柏書房より著者が抽出作成）

国が大混乱しているときなので、この時期の財政は、だれがやってもなかなかうまくいかなかったともいえる。

また欧米諸国でも、近代的な金融システムを構築するのには、相当の苦労をしており、文明開化したばかりの日本が簡単にそれを作れるものではなかっただろう。

由利は戊辰戦争の戦費はとにかく賄ったのだから、その点は評価されるべきだろう。また皮肉なことに、由利が辞めてしばらく経《た》ち、明治新政府の信用が認められてくると、太政官札も流通するようになったのだ。

●奇跡的に「太政官札」が流通しはじめる

——由利が辞めた後、政府の財政を担うようになったのは大隈重信である。

大隈重信は、明治2（1869）年1月、外国官副知事と兼任で会計官御用掛となった。同年3月には会計官副知事になり、由利が辞任した後、同年7月には大蔵大輔に昇格、事実上の新政府の財政責任者となった。

が、財政担当者が大隈になっても、新政府の金融の混迷は続く。

大隈は、任官するとまず「明治3（1870）年までに太政官札を正貨と交換する」と発表した。それと同時に「太政官札は、3250万両を限度とし、これ以上の発行はしない」という布告も出した。

これにより、太政官札は金兌換紙幣と同様となった。またこれ以上の太政官札の増刷もされないということで、太政官札の価値が安定し、市場にも流通するようになった。

そのころは、ようやく幕末の動乱も落ち着き、新政府への信用が芽生《めば》えかけていた時期でもあった。

明治2（1869）年には、蝦夷地に立て籠《こ》もった榎本武揚《えのもとたけあき》率いる旧幕府軍も降伏し、とりあえず新政府が日本全土を平定したのだ。

それで新政府の信用が上がったのだろう。このため、通貨問題は一時的に解消された。

しかし太政官札の発行をしない約束をしたということは、それに代わる貨幣を作らなければならない。しかも新政府にはまだ主な財源がないので、太政官札の発行をやめれば、新しい財源を確保しなければならない。

もちろん、そう簡単には財源など作れない。

そうこうするうちに、すぐにまた深刻な財政不足に陥《おちい》った。

すると、大隈はあろうことか、明治2（1869）年6月に太政官札を1550万両も増刷したのである。

「これ以上、太政官札を発行しない」

と宣言して半年も経ってないのに、である。

新政府は、世間に太政官札が流通しはじめているのを見て「これは使える」とばかりに、また太政官札の増刷を行なったのである。

また「太政官札を正貨と交換する」と宣言していたものの、それだけの正貨はまったく準備できていない。そのため大隈は、その場しのぎのために太政官札に代わる「新しい紙幣」の発行を決めた。太政官札はその新紙幣と交換することにしたのだ。「必ず借金を返す」と言っておきながら、いざ返済期限が近づくと、証文を書き換えただけ、というようなものである。

大隈が計画した「新紙幣」も、金銀の交換が保証されていない不換紙幣である。何のことはない。「不換紙幣の太政官札」を「不換紙幣の新紙幣」と交換するということである。つまり紙幣を新しくしただけであり、その性質はほとんど変わりがない。そのため、明治前半の金融システムはなかなか安定しなかったのだ。

●明治初期に作られた〝国立銀行〟という不思議な銀行

新政府は、どうにかして、〝信用〟のある通貨を〝広く〟流通させなければならない。

しかし、なかなかこれができない。

新政府が持っている金、銀、正貨の量がひじょうに限られていたからである。金、銀、正貨の保有が少なければ、なかなか信用のある通貨を大量に発行することはできない。

そのため新政府は、民間の資金力に目をつけ、民間に通貨を発行させようと考えた。

そこで明治５（１８７２）年、「国立銀行条例」が制定された。

国立銀行条例とは、国が定めた手順で銀行を作れば、その銀行に通貨の発行を認める、というものである。

具体的に言えば、国立銀行は、資本金の40％を正貨（小判など）で準備し、もう60％は太政官札などを準備する。そしてその60％の太政官札を政府に預ければ、それと同額の通貨を発行できる、というものだった。

簡単に言えば資本金の40％分の正貨を準備できれば、その１・５倍の通貨を発行できる、ということである。

国立銀行は正貨を準備して通貨を発行するのだから、この通貨は、金との兌換を裏づけられた「兌換紙幣」ではある。

そして政府に預けた太政官札は、年利6%の利率がつく。資本金の60%に対して年利6%だから、それだけで3・6%の収益となる。

資本金60%分の銀行券を発行し、年利1割で融資すれば6%の収益となる。

政府に預けた太政官札の利息と合わせて年9・6%の収益を得る計算となったのだ。

9・6%もの高い収益を得る事業などはあまりないので、この国立銀行は大いに繁盛すると目算されていた。

また国立銀行は、資本金の60%を太政官札で政府に預けるので、つまり政府としては、それだけの太政官札を回収できるということである。

そして、国立銀行は、資本金の60%の銀行券を発行するので、国全体の通貨状況を見れば、国立銀行の資本金60%分の不換紙幣（太政官札）が政府に回収され、それと同額の兌換紙幣（国立銀行券）が発行されることになるのだ。

政府としては、自らの保有する正貨はまったく使用することなく、太政官札を兌換紙幣に交換することができるのだ。

つまり民間が保有する正貨を使って、不換紙幣の太政官札を償却し、兌換紙幣を発行させようという策だった。

民間が作る銀行なのに「国立銀行」と呼ぶのは、ややこしい話ではある。この制度は、もともとは伊藤博文がアメリカの銀行を研究して導入したものであり、アメリカのナショナル・バンクを模《も》したものなので、「国立」という名称が使われたのだ。

そして、「銀行」という言葉は、渋沢栄一による造語だという。

当初は「金行」にしようかという話もあったが、「銀行」のほうがしっくりくるので「銀行」になったということである。ちなみに、この「銀行」という言葉は、中国、韓国などでも使われている。中国の中央銀行は、「中国人民銀行」であり、韓国の中央銀行は「韓国銀行」である。彼らは、日本の銀行を模範にして、銀行を作ったのである。近代的な「銀行」は、アジアの中では日本が最初に作ったということだ。

しかし、この国立銀行の目論見《もくろみ》は失敗した。

国立銀行券は正貨と兌換できるために、国立銀行券を手にした者は皆、正貨との兌換に走ったのである。

太政官札は金と兌換できないが、国立銀行券は兌換できる。人々は金目のものを手元に置いておきたいという心理にかられ、国立銀行券は紙幣として使われずに、正貨との兌換のためだけに使われたのである。

だから国立銀行は銀行券を発行して世間に融資すると、それはすぐに銀行保有の正貨と引き換えられ行内に戻ってくる。そして準備していた正貨は瞬く間《またたくま》に流出していったのである。

この国立銀行は明治8（1875）年までに4行が設立されたが、いずれも業績不振だった。国立銀行の銀行券発行高は総額で147万円だったが、明治8（1875）年12月には、銀行券の流通量はわずか23万円程度だった。つまり、147万円の発券額のうち約124万円は、正貨と兌換されてしまったのである。

「国立銀行を使って安定した通貨を発行したい」

という新政府の目論見は見事にはずれた。

●新条例の国立銀行が成功する

新政府は、新たな方策を繰《く》り出す。

明治９（１８７６）年8月に、国立銀行条例を大幅に改正したのだ。

この改正国立銀行条例では「正貨との兌換義務」をはずされ、正貨が流出する心配もなくした。

そして、国立銀行の設立基準も大幅に緩和された。

改正国立銀行条例では、資本金の80％を公債証書で政府に預託し、資本金の20％の政府紙幣を準備金として用意しておけば、資本金の80％分の通貨を発行できるということになったのだ。

そして正貨との兌換はしないこととされた。

つまり民間が持っている公債証書を国立銀行に出資させ、その証書分の銀行券を発行させようというわけである。

この改正国立銀行条例は、「金禄公債」と連動したものである。

「金禄公債」というのは、すでに述べたように大名の武家がこれまで受け取っていた秩禄を、「金禄公債」という公債証書で一括して支払ったものである。

前述したように旧大名や旧武家は、江戸時代まで持っていた領地の年貢米の受け取りの権利などがすべて没収され、その代わりに俸禄数年分の金禄公債をもらった。日本全国の華族、士族に支給されたこの金禄公債、総額はかなり大きなものだった。つまり、旧大名や旧武家は一時的にではあるが、莫大な資産を手にしたわけである。

この巨額な資産を有効活用し、通貨の流通を促進させようということで、国立銀行条例が改正されたのである。

この改正国立銀行条例は、改正前よりも格段に使い勝手がよく、また設立された銀行の業績もよかった。銀行券は金とは不兌換だったので、商人や市民も、ことさら金兌換に走ることはない。そのため、本来の目的である殖産興業のための貸付金として、順調に活用されたのである。

全国で次々にこの〝国立銀行〟が作られた。

明治12（1879）年までに153の国立銀行が作られ、発券の総額は3393万

３０００円に及んだ。

この国立銀行は地名などはつけられずに、ナンバリングだけがされた。現在でも「十八銀行」など、数字の名前を持った銀行はいくつか存在するが、それは国立銀行時代につけられたナンバーをそのまま銀行名に使っているのである。

●西南戦争後の急激なインフレ

改正国立銀行条例のおかげで、国立銀行が各地に作られ、紙幣も全国で増発された。しかもその紙幣は比較的安定していた。

明治日本の金融システムはいったん、安定に向かったかに見えた。

しかし、これは〝一時的な安定〟に過ぎなかった。

各地の国立銀行が発行した銀行券は、不換紙幣である。

これがなぜ安定して流通していたかというと、新政府が「政府紙幣はいずれ正貨と兌換する」と言い続けてきたからだ。それがあったから、政府紙幣やそれに連動した国立銀行券が流通しはじめていたのである。

もし「やっぱり正貨とは兌換しない」ということになれば、たちまち紙幣の安定は崩れるだろう。

にもかかわらず、政府紙幣の正貨との兌換の目処《めど》はまったく立っていなかった。正貨との兌換に応じるためには、相当の正貨を準備しておかなくてはならない。しかし新政府は、正貨を増やすどころか大幅に減らしていた。維新以降、貿易収支の赤字が続き、正貨は大量に流出していたのである。

このままの状態が続けば、明治日本の金融は破綻《はたん》しかねない。

しかも、それに追い打ちを掛けるような一大事が勃発した。

西南戦争である。

明治10(1877)年に起きたこの西南戦争では、政府兵力、歩兵55個大隊、工兵一個大隊、その他、輜重《しちょう》、騎兵等で総勢5万8558人が参加した。これに海軍兵3380人が加わる。戦死者は6200人あまり、負傷者は9520人にものぼった。

薩摩軍は4万人が参加し、その半数が死傷した。

戊辰戦争では、官軍12万人で死者3750人、負傷者3800人あまりであり、旧幕府軍を合わせても死傷者は１万３０００人あまりだったので、損害規模から言うならば、戊辰戦争より西南戦争のほうが大きかったのだ。

ただでさえ財源不足だった新政府にとって、この西南戦争の出費は大きな打撃となった。西南戦争の軍費は、４２００万円だった。当時の歳入規模は５２００万円であり、歳入の80％を占めたのだ。

政府は、この軍費４２００万円のうち、１５００万円は第十五国立銀行（華族銀行）からの借り入れで、２７００万円は不換紙幣の増刷により調達した。不換紙幣を減らそうとしていたのに、また２７００万円も増刷してしまったのだ。これにより通貨量が20％膨張してしまった。

しかも明治11（１８７８）年には起業公債１２５０万円も発行された。起業公債とは、大隈重信の発案で、「殖産興業のための資金」として発行されたものである。

このため急激なインフレにより、各地で深刻な影響が出始めていた。

たとえば東京・兜町《かぶとちょう》の市場の米相場は、次のように高騰していた。

一石あたり

明治10年	5円46銭4厘
明治11年	7円2銭3厘
明治12年	8円99銭8厘
明治13年	12円12銭1厘

金禄公債の利息で暮らす士族などはたちまち困窮した。生活に困った彼らは証書を売り払うケースも多かったが、証書の相場も下落、明治14（1881）年には3年前よりも17％も下がっていた。証書を担保にして高利貸しなどからお金を借り、返済できなくなって流してしまうということも多々生じていた。

生活苦による自殺なども増え、東京では、木賃《きちん》宿と呼ばれる一泊2銭5厘の安宿で生活する者が急増していた。物価高で普通の生活が維持できず、家財道具を売り払い、安宿で暮らすのである。

明治13（1880）年、大隈重信はこのインフレ対策として、兌換紙幣の発行を計

〈図版15〉明治10年と明治14年の東京の物価

	明治10（1877）年	明治14（1881）年
米一石	5円46銭	10円48銭
塩一石	1円10銭	1円95銭
綿六貫匁	7円76銭	12円36銭

（「日本産業史１」有沢広巳監修・日本経済新聞社より著者が抽出）

画した。その資金として、５０００万円を外債で調達しようとする。

しかし明治天皇がちょうどそのころ来日したアメリカのグラント前大統領から「外国債をむやみに導入すると外国の侵略を招く」という忠告を受けていたため、外債を許可しなかった。

こうして新政府の財政は大きな危機に陥るのである。

●日本の金融システムを作った松方正義とは？

西南戦争後のインフレと、正貨の海外流出で、日本経済がにっちもさっちもいかなくなってきたとき、一人の天才財政家が登場する。

その財政家とは、松方正義のことである。

松方というと、明治10年代に起きた「松方デフレ」がもっとも有名である。「松方デフレ」という言葉のイメージなどからも、地味でネガティブな印象を持っている人も多いのではないだろうか？

しかし、松方の日本の金融における功績というのは、実はひじょうに大きいものがある。

日本の金融システムを、近代的で合理的なものに再構築し、通貨を安定させたのは、松方正義だからである。

明治日本の金融史を語る際には、彼の存在を抜くことはできないので、彼の生い立ちから簡単に説明していきたい。

松方正義は天保6（1835）年に鹿児島の貧しい武士の家に生まれた。

もともとはそれほど貧しい家ではなかったが、父が知り合いの借金をかぶる形になり、没落し困窮したのである。

それでも文武に励み、弓術では日置《へき》流、剣術は示現《じげん》流で、それぞれ免許皆伝を得ている。そして書物を熱心に読みふける勤勉で優秀な青年だった。

嘉永3（1850）年、松方が16歳のとき、藩の役人に取り立てられ、御勘定所出物問合方に勤務した。すぐに能力を認められ、2年後には大番頭座書役になる。その後も出世が早く、文久3（1863）年、28歳のときには議政所掛となり、島津久光《しまづひさみつ》（藩父）、島津忠義《ただよし》（藩主）の側近となる。

慶応2（1866）年には軍艦掛を命じられ、長崎に赴任し薩摩藩の海軍設立に奔走する。

明治維新も、軍艦掛として長崎で迎えた。

この長崎時代に、松方は、佐賀藩の大隈重信、副島種臣《そえじまたねおみ》らとも知り合っている。

維新後の明治元（1868）年、日田《ひた》（現在の大分県日田市）の知藩事に任命される。

日田というのは、江戸時代には天領だった地域である。明治維新により、明治新政府は幕府の領地（旧天領）を没収していた。その天領を治めるために、政府は知事を派遣していた。各藩の領地は、明治維新後も藩主がそのまま知事となっていた。しかし天領には、藩主はいないので、新政府から知事を派遣したのである。

知事と言えば聞こえはいいが、旧天領の領民から見れば占領軍の司令官のようなものである。しかも、その司令官は過酷に税を取りたてることを使命とされていた。明治新政府は、金がなかったために、旧天領から多くを絞りとることで凌《しの》ごうとしていたのだ。

松方は、知事に任命されたときに、日田の領民から10万両の資金を調達する（借り受ける）する指令を受けていた。

天領というのは裕福な地が多いが、この日田は特に豪商などが多かった。発足当初の明治新政府は、天領の豪商などにお金を借金という名目で差し出させていたのである。

そのため、松方は〝金借知事〟などと、地元民に陰口をたたかれていた。

松方は、日田知事としては、新政府の財源確保のために日田の領民に矢継ぎ早に税を課さなければならなかった。しかし松方は、政府の命じたままに課税するのではなく、地域の実情を政府に訴え、事情を汲《く》んだ課税をしてくれるように働きかけた。

新政府は、幕府領（旧天領）ということで、容赦ない面があった。

たとえば、明治初年度に新たに政府直轄地になった地域では、すでに年貢を納めていても、その免除額は３分の１までとされた。明治初年は、幕府に年貢を納めた後に、明治政府から再度、年貢の徴収を受けた者が多かった。でも、幕府に納めた分は、３分の１しか免除してもらえなかったので、結局、年貢を二重に納めることになったのである。また若松県（旧会津藩領）では、明治新政府の新たな課税により実質負担額が倍増していたという。

これを見た松方は、明治３（１８７０）年４月、大久保参議にあてて「新政府の課税は、旧幕府時代にも見られない酷な制度である」と訴えたのだ。そして「直轄領だけに重税を課すのは公平ではない、全国的に税制を統一させるべき」という建言を新政府に行なっている。

この建言が地租改正の原型となっているといえる。

松方はその後、大蔵省に入り国家の財政を担っていく。

地租改正事務局の局長として、地租改正事業の実行責任者となるなど、地味だが堅実な仕事をこなした。前述した「地租改正の成功」も、この松方正義の功が大きいのである。

しかし、松方はけっして出世街道を順調に歩んできたわけではなかった。むしろ、維新でそれなりに功績のあった薩摩出身者としては、年下の大隈の部下になるなど、陽《ひ》の当たる場所を歩んできたとは言えなかった。

松方の経歴、年齢から言えば、財政の責任者になってもおかしくないのに、松方は常に補佐役の地位しか与えられなかったのだ。

そんな松方に、明治14（1881）年に転機が訪れる。

●明治14年、松方は大蔵大臣に

明治14（1881）年、大隈重信が突然失脚するのだ。

いわゆる「明治14年の政変」である。

大隈はそれまで政府内で重要な地位を占めていた。新政府は、大隈を重要な人材として、ひじょうに優遇してきたのだ。

大隈の財政政策は行き詰まりを見せてはいたが、責任を追及されたり、辞任を求められたりすることはなかった。大隈は、新政府内では財政通として通っており、また外交にも長じていた。今の新政府には、大隈に代わる人材はいないとされていたのである。

しかしその大隈が、あることをきっかけに突然失脚するのだ。

当時、北海道の開拓使官有物払い下げ事件というのが、社会的大事件となっていた。これは薩摩閥の北海道開拓庁長官の黒田清隆が、同じく薩摩藩出身の〝政商〟五代友厚に官有物を格安で払い下げたという事件である。

この事件は、新聞報道によって事態が深刻化したのだが、政府中枢の人間しか知らないことが新聞で報道されたため「政府内の誰かがリークしたのではないか」という疑いが生じた。

当時、政府部内には、大隈重信以外は薩長閥やそれに準ずる者ばかりであり、〝犯人〟は大隈重信に間違いがなかった。

大隈は、この政変直前に、それまで盟友だった伊藤博文と袂《たもと》を分かっていた。そのこともあり、新政府で大隈を助ける者は誰もいなくなり、政府の総意として大隈が失脚させられたのである。

この大隈の失脚により、明治14（1881）年10月、松方が大蔵卿（現在の財務大臣に相当）に就任する。

縁の下の力持ちだった松方が、ようやく自分の力で財政を動かせる地位に上り詰めたのである。

●〝金の流出〟を止めなければ国家が破綻する

大隈の失脚で、大蔵卿になった松方だが、それは火中の栗を拾うようなものでもあった。西南戦争後のインフレと財政難で、国が完全に行き詰まっていたときである。誰がやっても失敗するというような状況である。

しかし、こういう状況だからこそ松方の存在感が示されることになった。

松方は、中途半端な方法は採らず、大隈重信の積極財政とは正反対の経済政策を採るのだ。

松方は、常々大隈の積極財政とは相いれない考えを持っており、それまで大蔵省内では大隈ともたびたび対立していたのだ。

松方の考えはまず「安定した通貨を作ること」だった。そして通貨安定の切り札として、中央銀行の創設を考えていたのだ。

松方は大蔵卿に就任するや強固な「緊縮財政」を敷いた。

当時の松方の経済政策というのは、簡単に言えば「節約政策」である。

資本主義経済においては、節約というのは、成長を阻害することのように思われているフシがある。確かに、節約すれば経済は収縮するものであり、経済成長を阻害することは否《いな》めない。

しかし資本主義経済においても、節約が必要なこともあるのである。

というより、いくら資本主義であっても、無理な浪費が続くと、国家経済は破綻するのである。

松方は、「今の日本は市中に通貨が流通しすぎている」と考えていた。通貨が溢《あふ》れているので、国民が自分たちの経済力以上のものを購入する。国民はバンバンお金を使って外国の商品を買っているという状態になっていたのだ。

当時の日本では、西南戦争で不換紙幣が濫発されており、戦争で儲《もう》かった商人たちが多額の通貨を持っていた。その通貨で、外国から大量の輸入品を買っていたのである。

国家同士の輸出入の帳尻合わせは、最終的に「正貨」で行なわれる。この時期は輸入超過が続き、正貨が急激に流出していたのだ。このまま正貨が流出すれば、日本は貿易ができなくなり、また決済不足のために、外国から土地や課税権を取られるなど、経済的な侵攻をされる可能性もある。

そもそも西南戦争がなくても、日本の正貨の流出は深刻な問題だった。

幕末期は輸出超過だったが、明治維新後は、国の安定とともに輸入が増加し、輸入超過に陥っていた。

明治4（1871）年10月から明治12（1879）年6月までに、海外に流出した金銀は、金貨および地金が4470万円、銀貨および地銀が1550万円、計602

0万円だった。

これが続けば日本の正貨は本当に枯渇《こかつ》してしまう。正貨が枯渇すれば金融システムが壊れ、しまいには国家経済が破綻してしまう。

松方正義は、輸入超過で、正貨の流出が続けば、エジプト、トルコ、インドのように、欧米列強に従属させられてしまうのではないか、という危惧《きぐ》を抱いた。そのため緊縮財政を敷いて、市中に氾濫《はんらん》している金を吸い上げる方針を採ったのだ。

市中から金を吸い上げるのだから、当然、不景気になる。

不景気になれば世評が悪くなり、政府は方針転換を考えるかもしれない。が、この金融引き締め政策を途中で打ち切ってしまえば、何にもならない。

なので、松方は大蔵卿に就任すると、国民の不満を蔓延させないためにも、閣内で一致協力して金融引き締め政策を遂行するように求めた。

閣僚たちも、松方以上の代案を持っていたわけではないので、それを了承した。また大蔵省の幹部を集め、「世間の議論などけっしてかえりみずに、この政策をやり遂《と》げてほしい」と要請した。

さらに松方は、三条実美《さんじょうさねとみ》と岩倉に同道してもらい、明治天皇に直言した。

「現在、通貨が増えすぎてその価値が下落し、外債の返済もままならない状況である。この状況でさらに外債を募集すれば後で大変なことになる。世の中の通貨をすべて兌換紙幣にして、通貨価値を安定させなければならない」

「そのためには、今から5年をかけて膨張した不換紙幣を回収し、正貨を蓄積すべきである。その間は、不況に見舞われ、国民の間から不満が噴き出すかもしれないが、それを我慢してやり遂げるべき」

明治天皇はそれを聞いて「卿の方針通り之を断行せよ」との聖断を下した。松方はこれにより、「金融引き締め政策」「正貨蓄積政策」をなりふりかまわず行なったのである。

●「松方デフレ」とは何だったのか？

後年、けっしていいようには語られない「松方デフレ」が、こうして始まるのである。

松方は、「通貨を安定させ、正貨を蓄積する」ということを最大の目標に置いていた。正貨をこのまま流出させることは、国家の破綻につながるからである。

そこで、松方が採った方法は、まず増税である。

増税により、市中の通貨を国庫に吸い上げたのだ。

醤油税、菓子税、売薬印紙税、米商会所株式取引所仲買人税を新設し、酒造税、煙草税などの税率を上げた。

次は官庁経費の削減である。

官庁経費を徹底的に削り、国費の一部を地方費に移し替えるなどで、歳出を引き締めた。そこで生じた剰余で、政府紙幣を償却したのだ。

松方の努力が実り、明治16（１８８３）年には２４８０万円の政府紙幣を償却し、２６４６万円が準備金に繰り入れられた。

通貨の安定は、これでなんとかできた。

もう一つの課題は正貨の蓄積である。

松方はこれに関しても、適切な手を打った。横浜正金《しょうきん》銀行に命じて海外荷為替業務を開始させたのだ。

海外荷為替業務というのは、簡単に言えば次のようなことである。

輸出業者に対して、輸出品を担保にして政府紙幣を貸す。その返済金は、輸出品を売ったときに、正金で受け取る。つまり、国としては、政府紙幣を貸し出して、正金で返済してもらう、ということである。

これでは輸出業者にメリットがないように見えるが、そうではない。

というのも、本来、輸出業者が輸出を行なってその代金を得るまでには長い時間がかかるものだ。しかし横浜正金銀行の海外荷為替を使えば、輸出した時点で、代金分の紙幣を借りられるのである。その紙幣を使って、次の仕入を行なえば、早いサイクルで商売をすることができる、というわけだ。

また松方財政の影響で、輸入が減少したため、輸出超過となった。

こういう努力があって、正貨は急激に蓄積されていった。

正貨が一定の規模に達すれば、通貨をすべて兌換紙幣に切り替える。

そうすれば通貨は安定し、安心して殖産興業に専心できる。

松方デフレというと、急激なデフレに困った農民たちが暴動を起こすなど、「国民の生活をないがしろにした経済政策」というイメージで見られることが多い。しかし、それは事実ではない。

というのも、松方デフレ以前の超インフレ期、農民たちはひじょうに潤っていた。地租改正により税金は毎年一定額でありながら、米の価格は高騰していたのだ。農民たちは収入が激増した上に、税金は据え置かれていたので、実質的には大減税が行なわれていたのと同じだった。

実際、松方デフレの直前には、「金持ち農民」と呼ばれる人たちが出現していた。

松方デフレというのは、インフレで膨れ上がった農民の取り分を元に戻すという作業であり、けっして農民に過度な負担を強いたものではなかった。

もちろん急激なデフレのために、肥料代など高額な費用をかけて稲を育て、収穫時には米価が暴落して、肥料代さえ賄えない、というような事態もあった。そういう困窮者に対して、有効な手当てをしなかったのは、松方財政の落ち度といえる。が、言われているほど農民たちを苦しめたものではなかったのだ。

松方は、世間の批判に耐えに耐えて、正貨を蓄積させ、明治15（1882）年ごろには兌換紙幣を発行できるまでになった。松方の大蔵卿就任前には、716万円にまで減っていた正貨の蓄積額は、わずか2年で倍以上の1673万円にまで増加した。

これにより、兌換通貨を発行できる目処がついたのだ。

●「日本銀行」を作れ！

松方のデフレ政策の最大の目的は、中央銀行を作り、その中央銀行のみが兌換紙幣を発行するシステムにするということだ。

中央銀行が兌換券を発行するというシステムは、欧米の近代国家が19世紀末から20世紀の1971年まで使っていたものである。また兌換券ではないが、中央銀行が通貨発行を一手に担うというシステムは、現在でも使われているものである。

だから松方の考えていたことは、当時として考え得る最先端の金融システムだったのだ。

兌換紙幣を発行するためには、その分の正貨を準備しなければならない。そのために、デフレを起こし、無駄遣いをなくして正貨を蓄積したのである。

松方は、大蔵卿に就任する前から、中央銀行の創設を考えていた。

松方正義は明治11（１８７８）年、パリ万博の日本館副総裁として渡仏した際、フランスの大蔵大臣レオン・セイと懇意になった。

レオン・セイは名高い経済学者でもあり、松方にさまざまな財政上のアドバイスを行なった。そして中央銀行の創設を強く勧めた。

「各種の銀行がバラバラに営業や発券をするのはよくない。政府の保護の下で、中央銀行を設立するのが何より重要である」

と助言したのだ。

このセイの助言が、日本銀行設立に大きく影響したといえる。

松方は、後々までセイに多大な感謝の念を抱いた。明治政府は明治16（１８８３）年にセイに「勲一等旭日大綬章」を贈っているが、これは松方の推薦によるものである。

松方はセイの助言などをもとに、明治14（１８８１）年９月、「財政議」という提議を出した。この「財政議」で、「日本帝国銀行」の設立を提言したのである。「中央銀行を作るべし」という考えは、松方だけのものではなかった。たとえば、明治12（1879）年には、経済学者の田口卯吉《たぐちうきち》が、中央銀行の必要性を訴えた論文を発表している。

明治新政府としても、このころは、中央銀行の必要性を感じていたのだろう。松方を大蔵卿にしたということは、「中央銀行を作れ」ということでもあった。明治15（1882）年6月に、松方は「日本銀行条例」を布告し、同年10月に日本銀行が営業を開始した。松方の出した「財政議」では、中央銀行の名称は「日本帝国銀行」とされていたが、最終的に「日本銀行」に落ち着いた。

日本銀行の最大の役割は、何度も触れたように兌換銀行券の発券である。

・正貨と兌換できる紙幣を発行することによって、通貨価値を安定させる
・太政官札、国立銀行券、明治通宝と、幾種類にも分散された日本の貨幣を統一する

これによって近代的な金融システムを確立しようと考えたのだ。

日本銀行には、三井銀行の番頭の三野村《みのむら》と、安田《やすだ》銀行の安田善次郎《ぜんじろう》を役員に就任させた。これは、民間の大金融家も参加しているということで、社会の信用を得るためだった。

また日本銀行の資本金の半分の５００万円は民間出資だった。これも、「官民が力を合わせて安定した金融システムを作る」という意思の表われだった。

そして日本銀行の副次的な業務として、「国庫金の取り扱い」があった。

国庫金は、それまで三井銀行、安田銀行などが取り扱っていた。しかし、その権益を取り上げ、日本銀行に独占させたのである。三井、安田は、なんら抵抗することなく、この処置を受け入れた。当時はまだ三井や安田などの財閥にも、「国のために」という意識が強かったのだ。

日本銀行ができると、前に作られていた例の「国立銀行」は不要なものとなる。そもそも国立銀行は、通貨を発行するために作られた制度であり、日本銀行がその役目を果たすことになれば、国立銀行はむしろ邪魔になる。

そのため明治16（1883）年には、国立銀行条例を改正した。

これにより、国立銀行は創立から20年しか営業できないことになった。国立銀行は20年のうちに自行が発行した紙幣を償却しなければならない。各地の国立銀行は、急速に自行の紙幣を償却しはじめ、明治18（1885）年末までに424万円の国立銀行紙幣が償却された。

これにより、日本の通貨は、日本銀行が一手に担うことになったのだ。このようにして、ようやく日本の金融システムは安定したのである。

●「金本位制」の採用で、先進国の仲間入りを果たす

松方正義は、日本銀行の父と呼ばれている。それが最大の功績のように思われているが、彼にはもう一つ大きな業績がある。

それは、金本位制の導入である。

銀本位制を採っていた日本を、欧米で主流になりつつあった金本位制に切り替えた

のだ。これにより、日本は欧米と対等な経済関係を持つことができ、近代化や産業発展が促進されたのである。

金本位制は、当時、先進の通貨制度だった。

金本位制は19世紀初頭にイギリスが導入し、それに欧米諸国が続くという形で広まりつつあった。当時は、まだフランスやドイツも、金本位制に切り替えたばかりだった。

松方は、これを見て日本も金本位制にするべきだと考えていた。

金本位制にすれば、欧州諸国と同じ制度ということで、貿易の決済もやりやすくなる。

金本位制の国と、銀本位制の国が貿易をする場合、金銀の交換比率の変動により、貿易が不安定になりやすい。

実際に、日本は幕末からこの金銀交換比率の変動で悩まされてきた。

幕末に金が大量に流出したことは、すでに述べたが、その後もたびたび似たような混乱に見舞われた。たとえば、明治４（１８７１）年にはドイツが金本位制に移行したために、銀の価格が暴落し、これまた日本の金が流出するという事態も起きていた。

銀の価格が下がれば、銀本位制を採っている日本の産品は割安になり、輸出しやすくなる。しかし輸入品は割高になる。

欧米の工業製品が必要だった当時の日本では、輸入超過の年のほうが多く、そうなると銀貨の暴落は、不利に働く。

そういう貿易決済の不安定さを払拭《ふっしょく》するため、金本位制の導入が必要だった。

またなにより、欧米の先進国の多くが金本位制なのだから、日本も金本位制にならなければ、信頼されないということがあった。

金本位制を採っているということは、その国がそれなりに金を持っているということである。金本位制を採っていれば、それだけで欧米諸国との関係の中では信頼されるということである。

逆に言えば、欧米諸国と対等に付き合っていくためには、「金本位制クラブ」に入会しなければならない、ということである。

金本位制は、現代では先進国のどこも採っていないので、「絶対的な通貨制度」というわけではない。しかし、当時の国際金融においては最善のシステムだと考えられ、また日本が発展していくためには、金本位制の導入は不可欠だったといえる。

しかし、金本位制にするには、大量の金が必要である。日本は、明治初頭、いったん、金本位制を採用するが、金の保有量が少ないために、実質的には銀本位制に切り替えたという経緯がある。

金本位制のための大量の金をどうやって調達するか？

それが、松方の最大の課題だった。

偶然と言うべきか、天佑と言うべきか、松方にまたとないチャンスが訪れる。日清戦争の賠償金である。

明治27（１８９４）年に起きた日清戦争では、日本が勝利し2億両という莫大な賠償金を受け取ることになった。

松方は日清戦争の賠償金をイギリスの正貨（金）で受け取ることにし、その正貨を原資として金本位制を導入しようと考えたのだ。

明治28（1895）年5月、松方は「償金受領順序要領」という意見書を伊藤博文に提出した。これには「清国からの賠償金は、銀貨ではなく金貨で受け取るべきだ」と主張されていた。

清国側も、特に異論はなかった。

清は、欧州で公債を募集して、日本の賠償金に充てる予定だった。欧州では金本位制の国が多く、公債の代金を金貨で受け取ることも容易だったので、清側は別に負担ではなかったのだ。松方は、清が欧州で公債を募集していることを知っており、それを見越して「賠償金は金貨でもらうべき」と主張したのである。

明治28（1895）年10月、日本は清からの賠償金2億3050両、イギリス金貨にして3791万ポンドを受け取った。

そして松方は、この金貨を使って、日本の通貨制度を金本位制に切り替えようと考えたわけである。

●松方内閣の誕生により、金本位制が近づく

松方の金本位制導入計画は、そう簡単には進まなかった。

最大の障壁が、伊藤博文だった。

明治日本の建設に、多大な業績がある伊藤博文だが、こと金融に関しては的外《まとはず》れな発想が多かったのである。

日清戦争が終わった当時、松方は伊藤博文内閣の大蔵大臣だった。松方にとって、金本位制を導入するには、またとないチャンスだった。

しかし伊藤博文首相と松方は、日清戦争後の財政方針を巡って対立し、松方は大蔵大臣を辞任してしまう。

これで金本位制の導入は遠のいたかに見えた。

が、すぐにまた光明が差す。

伊藤内閣では、松方の辞任後に就任した渡辺国武《わたなべくにたけ》大蔵大臣が、財政難を理由にすぐにまた辞任してしまい、外相の陸奥宗光も病気で辞任した。そして後任の選定に行き詰まり、伊藤内閣は倒れてしまったのだ。

このとき議会で第一党だった進歩党が、松方との連携を図ってきた。松方を首相に推すことで、自分たちが政権を握ろうということである。大隈重信率いる進歩党は、伊藤博文らと鋭く対立しており、松方を首相に推すことで「与党」として自分たちの政策を実現させようとしたのだ。

大隈と松方の思惑は一致した。大隈には、「明治14年の政変」で野《や》に下って以来、やっと訪れた捲土重来のチャンスであり、松方にとっては、金本位制導入の最初で最後の好機だった。

以前、大隈重信が大蔵卿で松方がその部下だったとき、両者は財政政策で対立していた。しかし危急のときであり、二人にとってそういう過去の対立は些細《ささい》なことだった。

大隈重信は、松方に対して次の三つの条件をつけた。

・大臣には国民の衆望があるものを任命すること
・言論、集会、出版の自由を認めること

・民間人を登用すること

松方はそれを呑《の》み、明治29（１８９６）年９月、松方内閣が成立した。

松方が首相になった最大の目的は、「金本位制の導入」だったといっていい。

本来、松方は首相になるような野心家ではない。もともと、権力志向の薄い松方は、虚々実々の駆け引きには向いていなかった。

実は松方は、これ以前に一度、明治24（１８９１）年に内閣総理大臣になっている。このときは帝国議会が設置されて間《ま》もない時期で、伊藤博文らの種々の政治的駆け引きのために、わずか１年３カ月で退陣している。

しかし、今回はそういうわけにはいかない。

「金本位制導入を必ずやり遂げる」

そういう決意で首相になったのだ。

●明治天皇の一声で松方に全権委任される

首相になってからも、松方の金本位制への苦難は続く。

あの伊藤博文が、執拗《しつよう》に金本位制に反対したのである。

伊藤は「日本は金の産出量が少ない」として、金本位制に反対していた。伊藤博文は、明治初期に強引に金本位制の導入を行ない失敗している。にもかかわらず、まるでそんなことはなかったかのように、「金の産出量が少ない」などという的外れな主張で強硬に異を唱えたのである。

金本位制の国がどこも金の産出量が多いわけではなく、貿易によって金の保有量を確保しているのである。伊藤博文はそんなことを知らないはずはないが、一度、自分が失敗しているので、まだ「日本は金本位制はできない」と思っていたのだろう。

明治日本の諸々《もろもろ》の大改革を主導してきた伊藤博文にしても、金融システムというものは、よく理解できないものだったのだ。

また実業界でも、反対の声のほうが大きかった。

実業家の重鎮たる、かの渋沢栄一も大反対していた。

「現在、銀の価格が低いので、日本の輸出品は競争力はある。紡績業界などは銀本位制だからこそ輸出ができているのである。もし金本位制にすれば、この強みが失われ、日本の産業は大打撃を受ける」

ということである。

松方は、そういう反対意見を粘り強く説得していった。

財界の重鎮の一人だった福澤諭吉の家に出向いて、金本位制の本意とするところを懇々と説明したこともあった。

それでも、反対意見はやむことはなく、最終的には明治天皇に裁可《さいか》を仰《あお》いだ。

明治天皇は、松方に絶対の信頼を寄せていた。

明治天皇は、松方の金本位制採用の理由書を読んでも、内容は理解できなかった。

しかし、次の言葉とともに裁可した。

「従来卿が事に当りて、其の成功を見ざるはなし。故に今卿が奏請する所も亦卿に信頼して之を裁可すべし」

金本位制にするかどうかという判断はつかないが、松方を信頼して裁可する、ということである。松方にとって、これほどうれしいことはなかっただろう。

明治天皇の後ろ盾を得て、松方は金本位制を断行する。

松方の凄《すご》いところは、「財政に関する着眼点の的確さ」と、自分の目的を必ずやり遂げる粘り強さだといえる。

このようにして、明治30（1897）年、金本位制が施行された。一時的に日本の貿易は輸出が減ったが、すぐに盛り返した。また貿易為替や金融が安定し、日本経済は「超高度成長期」に入る。

金本位制に反対していた人々も、やがて松方を称賛することになる。

伊藤博文も後年、「松方の金本位制は正鵠《せいこく》を得ていた」と語った。

また渋沢栄一も、「松方さんは先見の明があった。自分たちには先見の明がなかった」と述べている。

明治日本の金融の安定化は、松方正義なくしては語れないし、ひいては大日本帝国の急激な経済発展も、松方の苦労の賜物と言えるのだ。

あとがき

本書は、大日本帝国（特に明治時代）の経済政策について、評価する内容となっている。

が、筆者は、大日本帝国の経済政策のすべてを肯定するつもりはない。

本書では述べていないが、大正、昭和の経済政策は、褒《ほ》められないことが多い。財閥が巨大化し、財閥と政治が結託し経済社会が硬直化。農村は疲弊し、深刻な貧富の差が生じた。

「頑張れば、誰でも豊かになれる」という明治時代のみずみずしい経済活況は、失われていった。

ただし大日本帝国における前半の経済政策は、現在の日本や、世界中の国々が参考にすべき要素を持っていると、筆者は思っている。

明治新政府は、国を富ませるためにもっとも手っ取り早い方法として、「優秀な人材の育成」を求めた。そのために厳《きび》しい財政の中で世界最高レベルの教育制度を整え、身分制度を廃止し、能力があればどんな人でも相応の地位で活躍できる社会システムを作ったのである。戦前の日本では、師範学校や軍関係の学校など学費が無料で給料まで出る教育機関がいくつもあり、どんな貧しい家庭の子でも、能力があれば高等教育を受けることができたのだ。

現在の日本は、世界に名だたる経済大国と言われながら、大学進学率は先進国に大きく後れを取り、しかも大学生の半数が有利子の奨学金を受けている。少子化で子供の数は減っているのに、その少ない子供の教育さえ、まともに施《ほどこ》せていないのである。

戦後の日本は、何のために経済発展をしてきたのか？

子供の教育さえまともに施せない国を作って、政治家や財界などの国の指導者たちは恥ずかしくないのか？

とさえ、思う。

最後に、祥伝社の水無瀬氏をはじめ、本書の製作に尽力をいただいた皆様にこの場をお借りして御礼を申し上げます。

参考文献

『学制百二十年史』文部省著　ぎょうせい
『日本経済史　近世―現代』杉山伸也著　岩波書店
『日本経済史』永原慶二著　岩波書店
『日本経済の200年』西川俊作　他編著　日本評論社
『東アジア近現代通史　1～5』岩波書店
『解難録・建言書類』勝海舟著　原書房
『両から円へ』山本有造著　ミネルヴァ書房
『日本産業史1』有沢広巳監修　日本経済新聞社
『龍馬の金策日記』竹下倫一著　祥伝社
『金・銀・銅の日本史』村上隆著　岩波書店
『明治前期財政史』坂入長太郎著　酒井書店

参考文献

『明治財政の基礎的研究』沢田章著　柏書房
『秩禄処分』落合弘樹著　中公新書
『廃藩置県』松尾正人著　中公新書
『地租改正法の起源』丹羽邦男著　ミネルヴァ書房
『日本産業史1』有沢広巳監修　日本経済新聞社
『外貨を稼いだ男たち』小島英俊著　朝日新書
『明治百年の農業史・年表』川崎甫著　近代農業社
『日本農業史』木村茂光編　吉川弘文館
『渋沢栄一・雨夜譚』渋沢栄一著　日本図書センター
『初代総理伊藤博文　上下巻』豊田穣著　講談社
『近代日本の軍事と財政』室山義正著　東京大学出版会
『日本の経済発展と金融』寺島重郎著　岩波書店
『軍備拡張の近代史』山田朗著　吉川弘文館
『幕末維新の経済人』坂本藤良著　中公新書
『明治政府と英国東洋銀行』立脇和夫著　中公新書

『日本銀行を創った男』渡辺房男著　文藝春秋
『日本経済史』石井寛治編　東京大学出版会
『幕末の武家』柴田宵曲編　青蛙選書
『西洋化の構造』園田英弘著　思文閣出版
『再発見・明治の経済』高村直助著　塙書房
『英米仏蘭聯合艦隊・幕末海戦記』アルフレッド・ルサン著　安藤徳器・大井征訳
平凡社
『幕末維新期の外交と貿易』鵜飼政志著　校倉書房
『幕末日本と対外戦争の危機』保谷徹著　吉川弘文館
『明治の外国武器商人』長島要一著　中公新書
『世相でたどる日本経済』原田泰著　日経ビジネス人文庫
『新体系日本史・産業技術史』第4章　機械技術（鈴木淳）第6章　繊維産業（玉川寛治）
山川出版社
『ものと人間の文化史「絹」Ⅰ、Ⅱ』伊藤智夫著　法政大学出版局
『製糸工女と富国強兵の時代』玉川寛治著　新日本出版社

参考文献

『あゝ野麦峠～ある製糸工女哀史～』山本茂美著　朝日新聞社
『アジア綿業史論』澤田貴之著　八朔社

★読者のみなさまにお願い

この本をお読みになって、どんな感想をお持ちでしょうか。祥伝社のホームページから書評をお送りいただけたら、ありがたく存じます。今後の企画の参考にさせていただきます。また、次ページの原稿用紙を切り取り、左記まで郵送していただいても結構です。

お寄せいただいた書評は、ご了解のうえ新聞・雑誌などを通じて紹介させていただくこともあります。採用の場合は、特製図書カードを差しあげます。

なお、ご記入いただいたお名前、ご住所、ご連絡先等は、書評紹介の事前了解、謝礼のお届け以外の目的で利用することはありません。また、それらの情報を6カ月を越えて保管することもありません。

〒101-8701（お手紙は郵便番号だけで届きます）
祥伝社新書編集部
電話03（3265）2310
祥伝社ホームページ　http://www.shodensha.co.jp/bookreview/

切りとり線

★本書の購入動機（新聞名か雑誌名、あるいは○をつけてください）

＿＿＿＿新聞の広告を見て	＿＿＿＿誌の広告を見て	＿＿＿＿新聞の書評を見て	＿＿＿＿誌の書評を見て	書店で見かけて	知人のすすめで

★100字書評……大日本帝国の経済戦略

名前

住所

年齢

職業

武田知弘　たけだ・ともひろ

1967年生まれ。福岡県出身。西南学院大学経済学部中退。塾講師、出版社勤務などを経て2000年からライター活動を始める。歴史の裏側、経済の裏側などをテーマに執筆している。特にナチスについては、ライフワークとしている。主な著書に『ナチスの発明』『ワケありな国境』などがあり、『ヒトラーの経済政策』『ヒトラーとケインズ』（ともに祥伝社新書）は話題の書となった。

大日本帝国《だいにほんていこく》の経済戦略《けいざいせんりゃく》

武田知弘《たけだともひろ》

2015年4月10日　初版第1刷発行

発行者……………竹内和芳
発行所……………祥伝社しょうでんしゃ
〒101-8701　東京都千代田区神田神保町3-3
電話　03(3265)2081(販売部)
電話　03(3265)2310(編集部)
電話　03(3265)3622(業務部)
ホームページ　http://www.shodensha.co.jp/

装丁者……………盛川和洋
印刷所……………堀内印刷
製本所……………ナショナル製本

Printed in Japan ISBN978-4-396-11411-4 C0221

〈祥伝社新書〉
話題のベストセラー

351
英国人記者が見た 連合国戦勝史観の虚妄
信じていた「日本＝戦争犯罪国家」論は、いかにして一変したか？
ヘンリー・S・ストークス

369
梅干と日本刀 日本人の知恵と独創
シリーズ累計130万部の伝説的名著が待望の新書化復刊！
樋口清之

370
神社が語る 古代12氏族の正体
誰も解けなかった「ヤマト建国」や「古代天皇制」の実体にせまる！
関 裕二

371
空き家問題 1000万戸の衝撃
二〇四〇年、10軒に4軒が空き家に！ 地方のみならず、都会でも！
牧野知弘

379
国家の盛衰 3000年の歴史に学ぶ
覇権国家の興隆と衰退の史実から、国家が生き残るための教訓を導き出す！
渡部昇一
本村凌二

〈祥伝社新書〉
医学・健康の最新情報

314
「酵素」の謎
なぜ病気を防ぎ、寿命を延ばすのか

人間の寿命は、体内酵素の量で決まる。酵素栄養学の第一人者がわかりやすく説く

医師
鶴見隆史《たかふみ》

348
臓器の時間
進み方が寿命を決める

臓器は考える、記憶する、つながる……最先端医学はここまで進んでいる！

慶應義塾大学医学部教授
伊藤 裕《ひろし》

307
肥満遺伝子
やせるために知っておくべきこと

太る人、太らない人を分けるものとは？　肥満の新常識！

順天堂大学大学院教授
白澤卓二

319
本当は怖い「糖質制限」

糖尿病治療の権威が警告！　それでも、あなたは実行しますか？

医師
岡本 卓《たかし》

404
科学的根拠にもとづく 最新がん予防法

科学的に立証された正しい知識と方法で、がんを防ぐにはこの一冊で！

国立がん研究センター
津金昌一郎